红色领航

新时代国有企业党建思想政治工作探索

赵良凯 / 编著

国家行政学院出版社
NATIONAL ACADEMY OF GOVERNANCE PRESS
·北 京·

图书在版编目（CIP）数据

红色领航：新时代国有企业党建思想政治工作探索 / 赵良凯编著. -- 北京：国家行政学院出版社，2025. 5.

ISBN 978-7-5150-3049-4

Ⅰ. D267.1

中国国家版本馆CIP数据核字第2025ZA2864号

书　　名	红色领航：新时代国有企业党建思想政治工作探索 HONGSE LINGHANG: XINSHIDAI GUOYOUQIYE DANGJIAN SIXIANG ZHENGZHI GONGZUO TANSUO
作　　者	赵良凯　编著
责任编辑	陆　夏
责任校对	许海利
责任印制	吴　霞
出版发行	国家行政学院出版社 （北京市海淀区长春桥路6号　100089）
综 合 办	（010）68928887
发 行 部	（010）68928866
经　　销	新华书店
印　　刷	中煤（北京）印务有限公司
版　　次	2025年5月第1版
印　　次	2025年5月第1次印刷
开　　本	170毫米 ×240毫米　16开
印　　张	13.75
字　　数	181千字
定　　价	78.00元

推荐序

我对赵良凯先生出版本书表示热烈祝贺，本书体现了他多年来对国有企业党建思想政治工作的深入思考和成果展示。

在新时代的宏伟画卷中，国有企业犹如中流砥柱，承担着国家经济发展的重任。国有企业党建思想政治工作则是这根支柱的坚实内核，为企业的持续稳定发展提供了强大的动力和方向指引。

国有企业是中国特色社会主义的重要物质基础和政治基础，是党执政兴国的重要支柱和依靠力量。新时代新征程，国有企业党建思想政治工作面临着全新的使命和挑战。一方面，经济全球化的浪潮汹涌澎湃，市场竞争日益激烈，国有企业需要不断提升自身的核心竞争力，以适应时代的发展要求；另一方面，党的建设新的伟大工程全面推进，对国有企业党建思想政治工作提出了更高的标准和更严的要求。

本书紧扣时代脉搏，深入探讨了新时代国有企业党建思想政治工作的重大意义、目标任务和实践路径，从新时代国有企业改革发展及其党建工作、党建工作基本制度、党建工作流程、“党建+”的创新实践、党建品牌创建、思想政治工作的方法艺术等方面进行了全面深入的阐述，以丰富的实践案例，展示了国有企业在党建思想政治工作引领下，实现创新发展、履行社会责任、提升企业形象的生动实践。

对于国有企业的领导干部和广大党员来说，本书是一本重要的学习读物和工作指南。它将帮助我们深刻领会新时代国有企业党建思想政治工作的新要求，不断增强“四个意识”、坚定“四个自信”、做到“两个维护”，切实提高政治判断力、政治领悟力、政治执行力。同时，也为我们在实际工作中如何加强党的建设、发挥党组织的领导核心和政治核心作用、推动企业高质量发展提供了有益的思路和方法。

对于关心国有企业发展的各界人士来说，本书也是一个了解新时代国有企业党建思想政治工作的窗口。通过阅读本书，我们可以更加深入地认识国有企业党建思想政治工作的重要性和紧迫性，更加坚定地支持国有企业在党的领导下不断发展壮大。

新时代新征程，我们要进一步加强国有企业党建思想政治工作，把党的政治优势、组织优势转化为国有企业的发展优势、竞争优势。让我们在党的坚强领导下，奋力开创国有企业改革发展的新局面，为实现中华民族伟大复兴的中国梦贡献更大的力量。

相信本书的出版，将为新时代国有企业党建思想政治工作注入新的活力，为推动国有企业高质量发展提供有力的支持。

目　录

CONTENTS

第三章 新时代国有企业党建工作流程

第四章 新时代国有企业“党建+”的创新实践

第一章

新时代国有企业改革发展及其党建工作

01

CHAPTER

一、新时代国有企业的地位和作用

国有企业是中国特色社会主义的重要物质基础和政治基础，是党执政兴国的重要支柱和依靠力量。截至2023年底，全国国有企业超过46万家，全国国有企业资产总额371.9万亿元，其中，中央企业资产总额达86.6万亿元。改革开放40余年，是中国经济取得举世瞩目成就的40余年，是中国千千万万大中小型企业创新和贡献的40余年。其间，国有企业在深化改革中，不断地攻坚克难，始终是国民经济和社会发展的主力军，是国民经济的重要支柱，在我们党执政和我国社会主义国家政权的经济基础中起支柱作用。2016年10月，在全国国有企业党建工作会议上，习近平总书记提出："要通过加强和完善党对国有企业的领导、加强和改进国有企业党的建设，使国有企业成为党和国家最可信赖的依靠力量，成为坚决贯彻执行党中央决策部署的重要力量，成为贯彻新发展理念、全面深化改革的重要力量，成为实施'走出去'战略、'一带一路'建设等重大战略的重要力量，成为壮大综合国力、促进经济社会发展、保障和改善民生的重要力量，成为我们党赢得具有许多新的历史特点的伟大斗争胜利的重要力量。"

国有企业作为推进国家现代化、保障人民共同利益的关键力量，在经济现代化、治理现代化、人的现代化建设等方面发挥着不可替代的独特作用，肩负着特殊使命。它既是中国特色社会主义的重要物质基础与政治基础，也是连接全体人民物质与精神生产生活的桥梁，更是中国式现代化道路以及全面建设社会主义现代化国家新征程的重要参与者、推动者与实践者。站在新的历史方位，国有企业必须坚持做强做优做大，更好地承担起全体人民实现共同富裕的责任与使命。

（一）国有企业是解放和发展先进生产力的主力军

建设现代化经济体系是开启全面建设社会主义现代化国家新征程的重要物质支撑与基础安排。国有企业作为坚持公有制主体地位的组织基础和制度保障，是引领现代化经济体系建设的重要力量。其一，国有企业是建设现代化经济体系的坚实物质支撑。生产资料公有制是社会主义经济制度的基础，国有企业是生产资料公有制的基础性制度安排。新中国历经70多年的艰难探索，特别是改革开放40多年的伟大实践，国有企业的改革与发展为我国现代化经济体系建设奠定了坚实的物质基础。回顾往昔，国有企业作为社会主义经济建设的主体，在经济发展中一直扮演着重要角色，其生产经营领域几乎覆盖整个国民经济，在关键领域和重要行业发挥着支撑保障作用，在维护宏观经济稳定、提供社会福利和公共产品、积极承担基础设施建设重任等方面发挥着重要作用。立足当下，国有企业的经营规模和经营效率对我国国民经济发展起重要支撑作用，其所承载的资产总量以及在关系国家安全和国民经济命脉的重要行业和关键领域所占据的支配性地位，体现了国有经济对国民经济发展的控制力与影响力。其二，国有企业是不断解放和发展先进社会生产力的关键推动力量。先进社会生产力是一个动态概念，其内涵的更新需要通过持续不断的技术创新、产业创新、管理创新来实现。作为公有制实现形式的主体力量，国有企业一直肩负着解放和发展先进生产力的使命。国有企业作为基础设施投资和战略性新兴产业投资的主力军，在我国技术创新、技术扩散、技术赶超的各个阶段都扮演着重要角色，承担了更多的基础性研究任务，并通过基础性研究创新带动着上下游企业的发展，显著发挥了技术创新的溢出效应和乘数效应。例如，为打造国有科技型企业改革样板和自主创新尖兵，以更好地发挥示范带动作用，“科改示范企业”被纳入国企改革专项工程，所入选的国有企业数量从2021年的209家增加到目前的440家。2022年3月，国务院国资委科技创新局成立，更是彰显了国家对巩固和提高国有企业创新主体地位的重视。其三，国有企业是贯彻新发展理念、助力经济高质量发展的重要带动力量。从全面建成小康社会到全面建设社会主义现代化国家，面临着跨越中等收入阶段、迈向高收入国家行列的新课题，攻克这一难题，关键在于增长动力的可持续性，这就需要我们转变发展理念和发展方式。创新、协调、绿色、开放、共享的新发展理念作为对经济发展规律性认识的理论升华，已成为中国跨越中等收入阶段、实现现代化的重要思想指引。近年来，国有企业积极转变发展方式，聚焦于质量变革、效率变革、动力变革，在持续深化供给侧结构性改革中发挥着引领和带动作用，围绕主责主业大力发展实体经济，推动国民经济的转型升级。不仅如此，国有企业作为中国企业“走出去”的排头兵，在积极参与全球竞争、主动对接国内市场需求方面也发挥了重要作用。

无论是对我国经济社会发展的历史贡献，还是当前的规模和体量、地位与作用，国有企业都是我国现代化经济体系建设道路上的主导力量。全面建设社会主义现代化国家，必须始终坚持中国特色社会主义的正确前进方向，坚持公有制经济主体地位。国有企业不仅要承担巩固社会主义基本经济制度、弥补市场缺陷、保障国家经济安全等政策性使命，也要作为独立市场主体参与市场竞争，以完成国有资本做强做优做大等经济使命，使国有企业更好地发挥解放和发展先进生产力的作用，承担起引领现代化经济体系建设的使命。

（二）国有企业是制度变革与创新的践行者

习近平总书记指出：“国家治理体系和治理能力是一个国家制度和制

度执行能力的集中体现。”[①]国有企业作为国家治理体系的组成部分，践行着国家治理体系的价值规范和行为模式，影响着国家治理的实现路径，遵循着国家治理体系和治理能力现代化的核心价值取向。国有企业是国家治理制度体系建设的重要组成部分。制度在本质上是基于社会分工协作体系并体现生产关系的一套规则。置于国家治理之中的制度，因其所具有的基础性地位，可被视为国家治理体系和治理能力现代化的关键与核心。而制度又与组织密不可分，国有企业作为中国特色社会主义中最为重要的微观经济组织形式，其制度变革与创新是影响国家治理制度体系现代化的内生动力。计划经济时期采用“国营企业”的制度形式，改革开放后，先后历经公司制改制、股份制改造、深度混合所有制改革等制度变革，走出了一条具有中国特色的现代企业制度建设之路，国有企业治理体系日臻完善。国有企业治理体系深度参与并扎根于国家治理体系，成为中国特色社会主义制度的重要组成部分。国有企业是促进国家治理能力提升的有效工具。国家治理体系涉及国家发展和战略规划的实施，以及社会主义市场经济体制的构建。新中国成立以来，国有企业始终将自身功能定位和使命要求与国家发展战略规划和特定产业发展目标相结合，推动着国有经济布局优化和结构调整以及控制力、影响力的提升，尤其是在解决基础设施建设短缺问题、发展重点产业方面发挥了关键作用，成为政府调控宏观经济和推动社会发展的有效工具。国有企业必须坚持和完善中国特色现代企业制度，以制度变革与创新推进国有企业治理体系和治理能力现代化，更好地发挥服务国家治理体系建设和治理能力提升的作用，承担起推进国家治理体系和治理能力现代化的使命。

---

① 《习近平著作选读》第一卷，人民出版社2023年版，第179页。

（三）国有企业是实现共同富裕的推动者

实现共同富裕是中国特色社会主义的本质要求，而解决发展问题和分配问题是共同富裕的实现路径。从发展和分配的角度来看，国有企业既是推动协调发展、提高富裕程度的经济基础，也是实现共建共享、促进社会公平的机制保障。国有企业是推动协调发展、提高富裕程度的经济基础。物质富裕和精神富足是实现共同富裕的重要内容。从物质富裕角度看，国有企业作为国民经济发展的顶梁柱，通过深化改革促进经济高质量发展，不仅在创造价值层面发挥着中坚作用，而且通过混合所有制改革放大了国有资本功能，形成了国民共进的良性发展格局。“十三五”时期，全国国资系统监管企业资产总额、利润总额年均增速分别为12.7%、10.7%，累计实现增加值59.5万亿元，约占同期全国国内生产总值的1/8，高于同期全国国内生产总值和规模以上工业企业相关指标增速，为我国共同富裕程度的提升奠定了坚实的经济基础。从精神富足角度看，国有企业是促进社会主义文化建设、创造精神财富的组织基础。在国有企业改革和发展过程中，不仅形成了丰富多彩的企业文化，而且在传播先进文化理念和提高广大人民群众文化素质方面发挥了重要作用。根植于党和国家意识形态管理架构和文化组织结构中的国有文化企业，更是既肩负着繁荣发展文化产业的责任，又承担着弘扬社会主义核心价值观、建设社会主义先进文化的重要使命，创造了丰富的精神产品。国有企业是实现共建共享、促进社会公平的机制保障。构建体现效率、促进公平的收入分配体系是实现共同富裕的关键环节。国有企业是政府可以直接调节收入分配的领域，也是反映社会收入分配状况的参照系，在初次分配、再分配、三次分配中都发挥着重要的公平保障作用。在初次分配方面，国有企业不仅要遵循按劳分配为主体的收入分配方式，而且影响着其他企业在处理资本收益与劳动报酬、管理者薪酬与职工薪资之间的分配平衡。在再分配方面，国有企业在做强做优做大的过程中上缴公共财政的国有资本收益成为我国社保基金财政性收入的重要支柱，以及改善和保障民生的重要力量。“十三五”期间，国有企业累计贡献税收17.7万亿元，约占同期全国税收收入的1/4；中央企业累计上缴国有资本收益4135亿元，向社保基金累计划转国有资本1.21万亿元。在三次分配方面，国有企业是履行社会责任的典范，在推动慈善和公益事业发展方面发挥着重要作用。

二、新时代国有企业面临的形势和使命担当

改革开放40多年来，国有企业发展取得了卓有成效的丰硕成果，也积累了一些矛盾和问题。一些影响国有企业发展活力和内生动力的顽瘴痼疾尚未完全解决，一些企业仍然存在资产收益率不高、创新能力不足、价值创造能力不强等问题，与构建高水平社会主义市场经济体制的要求还有差距。国有企业是国家治理体系的重要组成部分。要通过深化国资国企改革，以增强活力、提高效率为中心，抓重点、补短板、强弱项，不断提升现代企业治理能力和核心竞争力，加快锻造发展方式新、公司治理新、经营机制新、布局结构新的现代新国企。为了解决这些矛盾和问题，使国资国企适应新形势的发展需要，国有企业先后持续推进了系列改革。

（一）新时期国有企业改革

2015年9月，中共中央、国务院颁布实施《关于深化国有企业改革的指导意见》（以下简称《指导意见》），2016年又先后出台了7个专项配套文件，国企改革“1+N”文件体系基本形成。《指导意见》共分8章30条，从改革的总体要求到分类推进国有企业改革、完善现代企业制度和国有资产

管理体制、发展混合所有制经济、强化监督防止国有资产流失、加强和改进党对国有企业的领导、为国有企业改革创造良好环境条件等方面，全面提出了新时期国有企业改革的目标任务和重大举措。提出到2020年将在国企改革重要领域和关键环节取得决定性成果，形成更加符合我国基本经济制度和社会主义市场经济发展要求的国有资产管理体制、现代企业制度、市场化经营机制，国有资本布局结构更趋合理，造就一大批德才兼备、善于经营、充满活力的优秀企业家，培育一大批具有创新能力和国际竞争力的国有骨干企业，国有经济活力、控制力、影响力、抗风险能力明显增强。《指导意见》明确，国有企业将分为公益类和商业类两类，并实行分类改革、分类发展、分类监管、分类定责、分类考核，推动国有企业同市场经济深入融合，促进国有企业经济效益和社会效益有机统一。商业类国有企业按照市场化要求实行商业化运作，以增强国有经济活力、放大国有资本功能、实现国有资产保值增值为主要目标。公益类国有企业以保障民生、服务社会、提供公共产品和服务为主要目标。按照谁出资谁分类的原则，履行出资人职责的机构负责制定所出资企业的功能界定和分类方案，划分并动态调整本地国有企业功能类别。按照以管企业为主向以管资本为主转变的要求，《指导意见》提出以管资本为主推进国有资产监管机构职能转变，建立监管权力清单和责任清单。并以管资本为主改革国有资本授权经营体制，改组组建国有资本投资、运营公司。以管资本为主推动国有资本合理流动优化配置，清理退出一批、重组整合一批、创新发展一批国有企业。以管资本为主推进经营性国有资产集中统一监管，建立覆盖全部国有企业、分级管理的国有资本经营预算制度。

（二）国有企业改革三年行动

2020年6月30日，习近平总书记主持召开中央深改委第十四次会议，审议通过《国企改革三年行动方案（2020—2022年）》，这是面向新发展阶段我国深化国有企业改革的纲领性文件，是落实改革顶层设计的具体“施工图”，2021年1月，时任国务院国资委主任郝鹏在《求是》杂志发表理论文章《深入实施国企改革三年行动 推动国资国企高质量发展》，对国有企业改革三年行动方案进行了阐述。

1.坚持“两个一以贯之”，加快完善中国特色现代企业制度

国企改革三年行动对完善中国特色现代企业制度，起到了至关重要的作用，主要解决了几个问题。一是解决了党的领导与公司治理深度融合的问题，将党建工作要求纳入公司章程，明确党组织在企业决策、执行、监督环节的权责和工作方式，使党组织发挥作用组织化、制度化、具体化，进一步完善“双向进入，交叉任职”领导体制。二是解决了现代企业制度的深层次改革问题，就是健全公司治理机制，加强董事会建设，落实董事会职权，完善董事会议事规则和决策程序，提高董事会决策的科学性和有效性。强化监事会监督职能，加强对企业财务、董事和高级管理人员履职行为的监督。完善经理层授权管理制度，明确经理层职责权限和工作分工，充分发挥经理层经营管理作用。强化市场化选人用人机制，全面推行经理层成员任期制和契约化管理，明确任职期限、签订契约、严格考核、强化退出，建立健全能上能下、能进能出、薪酬能高能低的市场化用人机制。大力推行职业经理人制度，按照市场化方式选聘和管理职业经理人，明确权利义务和业绩考核，强化责任追究。三是解决了对国有企业有效监管的问题，加强企业内部监督和风险防控，完善企业内部监督体系，整合纪检监察、巡视巡察、审计、法务、风控等监督力量，形成监督合力。建立健全风险防控机制，加强对企业战略、财务、市场、运营等方面的风险识别、评估和应对，提高企业抗风险能力。

2.着力推进国有经济布局优化和结构调整，提高资源配置效率

主要解决了国有企业多而散、不专不精、竞争力不强的突出矛盾，改革过程中主要的着力点如下：一是聚焦战略重点，明确布局方向，核心是保障战略安全，引领产业升级，服务国计民生。在能源领域，国有能源企业持续加大国内油气勘探开发力度，强化战略储备体系建设。例如，加大对页岩气、深海油气等非常规能源的勘探投入，提高能源自给率，降低对进口能源的依赖，确保国家能源安全稳定供应。在国防军工领域，国有军工企业加强了关键军事技术研发，提升武器装备现代化水平，保障国家安全。同时，积极引导国有资本积极布局战略性新兴产业，如新能源汽车产业。国有车企进一步加大研发投入，突破电池续航、智能驾驶等核心技术，带动上下游产业链协同发展。在人工智能领域，国有企业通过建设人工智能创新平台，会聚顶尖人才，开展基础算法研究和行业应用开发，初步引领了传统产业数字化、智能化的全面转型，提升产业整体竞争力。在公共服务领域，国有公交、地铁企业也在不断优化线路布局，提高服务质量，保障城市居民便捷出行。在医疗领域，国有企业积极主动参与建设大型医疗设备研发制造基地，研发高端医疗设备，降低医疗成本，提高医疗服务可及性，助力解决看病难、看病贵问题。二是集中力量调整国有企业的存量结构，盘活低效资产，重点清理非主业资产，处置低效无效资产，国有企业迅速剥离了与主业关联度低、缺乏竞争力的非主业资产。例如，一些传统制造业企业持有非相关的酒店、商业地产等资产，通过资产出售、股权转让等方式进行了剥离，企业重心转移，聚焦到了核心业务上来，提升主业竞争力。对于长期亏损、扭亏无望的子公司或业务板块，果断地实施了关停并转。三是优化增量投向，培育发展新动能，重点是加大了对新兴产业投入，助力绿色发展。国有企业积极寻找新的发展动能方向，在数字经济领域，重点投向5G网络建设、数据中心运营等基础设施领域，推动产业数字化转型。在生物医药领域布局创新药研发、高端医疗器械制造等细分领域，与高校、科研机构合作建立联合研发中心，加速创新成果转化，提升我国生物医药产业的创新能力和国际竞争力。国有企业也在积极投入可再生能源开发，如大力发展风力发电、光伏发电项目，促进了行业的迅猛发展。

3. 积极稳妥深化混合所有制改革，促进各类资本优势互补、共同发展

对于具有核心竞争力和发展前景的国企子公司或业务板块，在改革中采用了股权转让模式，国企将部分股权出让给非国有资本，实现股权多元化。有的国有企业也选择增资扩股的方式，充分发挥国企在项目统筹、政策资源方面的优势以及民企在工程建设效率、成本控制上的长处。在完善公司治理机制方面，提出了优化股权结构，规范治理框架的相关内容。在推进协同创新方面，国有科研企业拥有深厚的研发积累和科研设施，非国有科技企业具有敏锐的市场洞察力和快速的技术转化能力，在改革过程中，双方结合加速了科研成果产业化，对于科研人员和创新团队实施股权、期权激励，将个人收益与企业创新成果紧密挂钩，同时加强了对混改全过程的监督，切实防止国有资产流失。

4. 不断健全市场化经营机制，充分激发企业活力

在这一轮改革过程中，全面推进了国有企业内部三项制度改革，通过改革，充分提高了国有企业的核心竞争力，不断释放了企业的发展活力，引导企业创造更大经济价值；积极推行了经理层成员任期制和契约化管理，经理层成员实行固定任期制，每届任期一般为3～5年。任期届满后，经考核合格可以连任。这样，就让国有企业经理层成员有明确的工作周期和目标规划，避免短期行为；同时，全面推进了用工市场化，推动员工能进能出，制定清晰明确的员工退出条件，如绩效考核不达标、违反公司规章制度、劳动合同到期不续签等。同时，规范了国有企业员工退出的程序，包括离职申请、审批、工作交接、离职手续办理等环节，确保员工退出过程合法、合规、有序。在收入分配机制上也进行了大的改革，进一步健全了业绩决定薪酬分配的机制，明确收入“能增能减”的杠杆作用，推动薪酬分配向作出突出贡献的人才和一线关键苦脏险累岗位倾斜；一些国有企业充分运用国有控股上市公司股权激励、国有科技型企业股权和分红激励等中长期激励政策，进一步激发了骨干员工干事创业的积极性、主动性、创造性。

5.健全“以管资本为主”的国有资产监管体制，提高国有资产监管效能

一是完善了监督制度体系，就是深入推进国资监管机构职能转变，从管企业向管资本的转化，重点管好国有企业的资本布局、规范国有企业的资本运作、提高国有企业的资本回报、维护国有企业的资本安全；二是强调了对资本运营的监管，根据国家战略和产业政策，积极引导国有资本向关键领域、重点行业和优势企业集中，优化国有资本布局。同时，加强了对国有企业重组、兼并、改制等资本运作行为的监管，确保国有资本的合理流动和优化配置。三是协同高效的监督机制得到了健全，推进出资人监督和纪检监察监督、巡视监督、审计监督、社会监督等统筹衔接，建立健全了企业内部的监督体系，即建立财政、审计、纪检监察等部门与国有资产监管机构的协同监管机制，加强信息共享和工作协同，形成监管合力。同时，充分发挥社会监督的作用，鼓励公众、媒体等对国有资产运营进行监督，这一系列监管手段进一步提高了国有资产监管的透明度。

6.积极推动国有企业公平参与市场竞争，优化营商环境

重点是强化国有企业的市场主体地位，营造各种所有制主体依法平等使用资源要素、公开公平公正参与竞争、同等受到法律保护的市场环境，也就是国有企业发展营商环境的改善；推进政府职能转变，凡是市场机制可以有效调节、社会组织可以替代、企业在法律范围内能够自主决定的事项，政府部门不再审批，这就发挥了市场机制的调节作用。在完善政策体系，保障公平竞争方面，对所有市场主体的公平竞争政策，明确准入、运营、退出各环节规则，确保国有企业与其他所有制企业遵循统一标准。在提升市场竞争力方面，国有企业逐步明确了自身战略定位，剥离非主业、低效资产，集中资源深耕核心业务，加大研发投入，推动技术创新。在加强监督管理方面，对国有企业和其他企业一视同仁。一旦发现国有企业存在滥用市场支配地位、不正当竞争等行为，依法严肃查处。在优化公共服务方面，国有企业与民营企业可共同使用大型科研设备、共享行业数据资源，促进企业间技术交流与合作，在公平的资源支撑下开展竞争，推动行业整体进步。

7. 抓好国企改革专项工程，积极发挥示范引领作用

主要提出聚焦重点专项工程，一是聚焦“双百行动”，推进了国有企业进一步改革，就是入选“双百企业”的国有企业，改革进入深水区，要求在完善现代企业制度方面，健全法人治理结构，规范董事会运作，落实董事会职权，实现决策科学化、规范化。在市场化经营机制上，要求大力推行经理层任期制和契约化管理，实施员工能进能出、管理人员能上能下、收入能增能减的“三能”机制。通过改革，推动更多企业制定实施个性化、差异化综合改革方案。二是聚焦“科改示范行动”。以提升国有企业自主创新能力为核心，“科改示范企业”进一步鼓励了国有企业加大研发投入，建立健全科技创新激励机制。一方面，鼓励科研人员以技术入股、项目分红等形式参与收益分配，激发创新积极性；另一方面，国有企业主动加强了与高校、科研机构的产学研合作，促进了国有企业加速科技成果的转化。

8. 加强党的领导和党的建设，为国有企业改革发展提供根本保证

始终把加强国有企业党的政治建设放在首位，坚持“对党忠诚、勇于创新、治企有方、兴企有为、清正廉洁”的国有企业领导人员标准，持续深入推进全面从严治党，完善和落实全面从严治党主体责任制度，持续加大国有企业反腐败力度，加快构建一体推进不敢腐、不能腐、不想腐的体制机制。

中央企业和地方国有企业立即行动，根据自身实际情况制定具体的实施方案，以落实国企改革三年行动的目标和任务。三年行动，实现了国企改革的既定目标，许多国有企业通过改革焕发了生机活力。

（三）以国企改革推动中国式现代化阔步新征程

2024年7月15日至18日，党的二十届三中全会在北京召开，擘画了进一步全面深化改革、推进中国式现代化的宏伟蓝图，对深化国资国企改革进一步作出重大部署。审议通过的《中共中央关于进一步全面深化改革 推进中国式现代化的决定》提出，要构建高水平社会主义市场经济体制，更好发挥市场机制作用，创造更加公平、更有活力的市场环境，实现资源配置效率最优化和效益最大化，既“放得活”又“管得住”，更好维护市场秩序、弥补市场失灵，畅通国民经济循环，激发全社会内生动力和创新活力。要坚持和落实“两个毫不动摇”，深化国资国企改革，完善管理监督体制机制，增强各有关管理部门战略协同，推进国有经济布局优化和结构调整，推动国有资本和国有企业做强做优做大，增强核心功能，提升核心竞争力。进一步明晰不同类型国有企业功能定位，完善主责主业管理，明确国有资本重点投资领域和方向。推动国有资本向关系国家安全、国民经济命脉的重要行业和关键领域集中，向关系国计民生的公共服务、应急能力、公益性领域等集中，向前瞻性战略性新兴产业集中。健全国有企业推进原始创新制度安排。深化国有资本投资、运营公司改革，建立国有企业履行战略使命评价制度，完善国有企业分类考核评价体系，开展国有经济增加值核算。推进能源、铁路、电信、水利、公用事业等行业自然垄断环节独立运营和竞争性环节市场化改革，健全监管体制机制。

1. 新时代国有企业改革的聚焦方向

一是要求聚焦强根铸魂，引领国有企业夯实“两个基础”，服务“党之大计”。要求国有企业必须积极主动把党的全面领导落实到企业改革全过程各方面，深刻认识“国企姓党”这个朴素的认知。所以，国有企业就必须主动完善“两个维护”制度机制，在企业经营过程中，主动健全党的创新理论学习制度，完善“第一议题”“首要议题”“培训首课”等制度，提高国有企业领导干部的政治意识和政治认识，积极完善中国特色现代企业制度，推动党的领导和公司治理深度融合，使党的领导与企业组织架构、经营管理、队伍建设、风险防控等贯通衔接，引领企业更好履行经济责任、政治责任、社会责任。二是要求聚焦改革，引领国有企业更好履行职能使命，践行“国之大者”。这里的“国之大者”，就是党中央和国家忧虑国有企业的发展的事，要求国有企业把改革的事做好。所以，国有企业要把按照中央要求进行深入改革和转型升级，按照国家要求的功能定位来发展，作为重要的政治原则；把提升战略功能价值作为国有企业党委（党组）把方向、管大局、保落实的工作重点，围绕国之所需深化改革。把好改革方向，深入推进国有经济布局优化和结构调整，改造提升传统产业，培育壮大新兴产业，布局建设未来产业，推动国有资本向关系国家安全、国民经济命脉的重要行业和关键领域集中，向关系国计民生的公共服务、应急能力、公益性领域等集中，向前瞻性战略性新兴产业集中。紧扣改革重点，针对影响科技创新、产业控制、安全支撑作用发挥的薄弱环节，加强对主责主业管理、关键核心技术攻关、原始创新推进等方面的科学决策。同时，要求建立国有企业履行战略使命评价制度，根据不同功能定位探索“一业一策、一企一策”考核，引导国有企业聚焦主责主业发展实体经济；健全经营性国有资产出资人制度和集中统一监管制度，使国有企业的发展始终围绕国家战略导向、战略要求。三是要求聚焦促发展，引领国有企业发展新质生产力，干好“企之大事”。这里所说的“企之大事”，就是培育和发展新质生产力，就是高质量发展的新的增长点。具体来讲，就是要求国有企业要融入生产促发展，聚焦重大科技攻关、重大项目实施等，要求国有企业建立以创新能力、质量、实效、贡献为导向的人才评价体系，健全保障科研人员专心科研制度，探索“人才特区”源头政策供给，让广大党员干部把更多时间和精力放在抓改革落实上。

2. 新时代国有企业改革，要牢牢把握原则要求

这里的原则要求主要是国有企业的政治要求、经济要求、改革要求和增强核心竞争力要求。具体来说：一是进一步旗帜鲜明强调了坚持党对国有企业的全面领导这一根本原则。要求国有企业必须坚定维护党中央权威和集中统一领导，要求国有企业把党的领导贯穿深化国资国企改革各方面全过程，推动企业党的建设与生产经营深度融合，加强国有企业领导班子和干部人才队伍建设，积极营造风清气正的良好政治生态，切实发挥高质量党建的引领保障作用。二是坚持做强做优做大国有资本和国有企业的总目标，这也是国有企业改革的重点，国有企业要成为国家经济的主心骨、压舱石，要成为党领导全国经济的最大底气。所以，国有企业必须进一步增强责任感和使命感，主动围绕实现高质量发展、服务构建新发展格局，推动国有企业既坚定不移做大、更意志坚定做强做优，不断发展壮大国有经济，巩固社会主义的经济基础；发挥国有经济引领带动作用，促进各种所有制经济优势互补、共同发展。三是坚持增强核心功能、提高核心竞争力的改革重点。站位党和国家工作大局，引导国有企业强化战略安全、产业引领、国计民生、公共服务等功能，聚焦主责主业发展实体经济，提升持续创新能力和价值创造能力，加快向高质量、高效率、可持续的发展方式转变，着力塑造能够持续创造效益的独特竞争优势，培育一批具有全球竞争力的世界一流企业，切实提升国有企业功能价值，高水平实现经济属性、政治属性、社会属性的有机统一。四是坚持“放得活”与“管得住”的辩证统一。坚持政企分开、政资分开，持续深化体制机制改革，充分尊重和维护企业法人财产权和经营自主权，把该放的放到位，使国有企业充满生机活力，使创新创造的潜能充分激活；坚守防止国有资产流失底线，把该管的坚决管住，落实国有资产保值增值责任，健全防范国有资产流失的制度，完善国有资产监督管理体系，引导企业依法合规经营，实现国资国企治理现代化。

3.新时代国有企业改革，要全面落实改革的重点任务

国务院国资委党委书记、主任张玉卓在《〈中共中央关于进一步全面深化改革 推进中国式现代化的决定〉辅导读本》的署名文章《深化国资国企改革》中详细阐述了全面落实深化国资国企改革的“四个坚持”原则要求和四方面重点任务。新时期国有企业改革主要任务：一是深入推进国有经济布局优化和结构调整。二是进一步深化分类改革、分类考核、分类核算。三是健全国有企业推进原始创新制度安排。四是完善国资国企管理监督体制机制。笔者现对四个方面改革要求逐一进行分析。第一，新时期国有企业改革布局优化和结构调整，在以往国有企业改革的基础上进一步得到了加强，主要任务就是要推动国有资本向重要行业和关键领域集中，即要求国有经济要在关系国家安全、国民经济命脉的重要行业和关键领域保持绝对控制力。要求国有企业加强在战略性新兴产业的布局，通过加大研发投入、培育创新型企业等方式，推动国有经济在这些领域形成新的竞争优势，引领产业升级和经济结构转型。要求国有企业优化国有经济的区域布局，鼓励国有资本参与区域重大项目建设，支持落后地区基础设施建设和产业发展，促进区域间资源优化配置和协同发展，缩小区域经济差距。要求推进国有企业专业化整合，按照业务相近、产业相关、优势互补的原则，推动国有企业进行专业化整合，并通过整合重组，减少同质化竞争，提高产业集中度，优化资源配置，提升国有企业的运营效率和整体效益。第二，进一步深化国有企业分类改革、分类考核、分类核算，主要集中在根据国有企业的功能定位、行业特点、业务性质等因素，将国有企业分为商业类和公益类，根据不同类型国有企业的功能定位和发展目标，设计差异化的考核指标体系，将考核结果与企业负责人的薪酬、任免、奖惩等挂钩，充分发挥考核的激励约束作用，根据不同类型国有企业的业务特点和会计核算要求，制定分类核算制度，明确各类企业的会计科目设置、核算方法、财务报告编制等具体要求，确保会计信息能够准确反映企业的经营状况和财务成果。第三，健全国有企业推进原始创新制度安排，主要是通过国务院国资委政策激励，健全支持原始创新的出资人政策，推进职务科技成果赋权改革，以创新创造为导向，灵活开展多种形式的中长期激励，同时根据科研工作不确定性高的特点，做实做细合规免责机制，鼓励国有企业持续推进科技创新，鼓励科技积累，保护创新积极性、激发创新活力。第四，完善国资国企管理监督体制机制，主要还是在释放企业活力的同时，确保国有资产的安全和增值，同时，也要求中国特色国有资产监管，不仅要服务于国家重大发展战略，还要确保国资国企在关键领域发挥核心作用。所以，下一步，国有企业改革重点还是需要从增强战略协同、强化四化监管和完善现代公司治理三个方面重点推进，提升国资监管能力和水平。

三、新时代国有企业党建工作的内容

坚持党的领导、加强党的建设，是我国国有企业的光荣传统，是国有企业的“根”和“魂”，是我国国有企业的独特优势。国有企业是国民经济的支柱和党执政兴国的重要力量，加强国有企业党建工作能够增强企业的凝聚力和战斗力，对于巩固党的执政地位、推动经济高质量发展至关重要。国有企业要深入研究和探索开展新时代党建工作的新思路、新举措，通过加强党建机制建设、推进党组织自身建设、聚焦党建品牌建设，进一步推进党建工作走深走实，为企业可持续健康发展提供保障，推动国有企业高质量发展。

国企党建工作不仅关乎国有企业党组织的凝聚力和战斗力，更直接影响着企业的生产经营、改革创新以及可持续发展。加强国企基层党建工作，是确保党对国有企业领导的关键举措，能够为企业指明正确的发展方向，激发职工的积极性和创造力，促进企业在复杂多变的市场环境中稳健前行。面对新的形势和任务，如何创新工作方法、提升工作实效，以适应时代发展的要求，成为亟待解决的重要课题。2016年10月，全国国有企业党的建设工作会议在北京召开，习近平总书记强调，新形势下，国有企业坚持党的领导、加强党的建设，总的要求是：坚持党要管党、全面从严治党，紧紧围绕全面解决党的领导、党的建设弱化、淡化、虚化、边缘化问题，坚持党对国有企业的领导不动摇，发挥企业党组织的领导核心和政治核心作用，保证党和国家方针政策、重大部署在国有企业贯彻执行；坚持服务生产经营不偏离，把提高企业效益、增强企业竞争实力、实现国有资产保值增值作为国有企业党组织工作的出发点和落脚点，以企业改革发展成果检验党组织的工作和战斗力；坚持党组织对国有企业选人用人的领导和把关作用不能变，着力培养一支宏大的高素质企业领导人员队伍；坚持建强国有企业基层党组织不放松，确保企业发展到哪里、党的建设就跟进到哪里、党支部的战斗堡垒作用就体现在哪里，为做强做优做大国有企业提供坚强组织保证。党的十九大报告明确指出，新时代党的建设总要求是：坚持和加强党的全面领导，坚持党要管党、全面从严治党，以加强党的长期执政能力建设、先进性和纯洁性建设为主线，以党的政治建设为统领，以坚定理想信念宗旨为根基，以调动全党积极性、主动性、创造性为着力点，全面推进党的政治建设、思想建设、组织建设、作风建设、纪律建设，把制度建设贯穿其中，深入推进反腐败斗争，不断提高党的建设质量。把党建设成为始终走在时代前列、人民衷心拥护、勇于自我革命、经得起各种风浪考验、朝气蓬勃的马克思主义执政党。国有企业必须不折不扣贯彻落实好全国国有企业党的建设工作会议精神，按照新时代党的建设总要求，持续加强国有企业党的建设工作。

（一）推动新时代国有企业党的政治建设走深走实

党的政治建设是党的根本性建设，决定党的建设方向和效果。党的十八大以来，以习近平同志为核心的党中央高度重视加强党对国有企业的领导，把国有企业党的政治建设摆在首位，以党的政治建设为统领，推动国有企业党的领导、党的建设得到根本性加强。深入总结新时代国有企业党的政治建设的基本经验，对于不断提升国有企业党的政治建设质量，推动国有企业高质量发展意义重大。

1.必须坚持党对国有企业的全面领导

习近平总书记指出，国有企业是中国特色社会主义的重要物质基础和政治基础，是我们党执政兴国的重要支柱和依靠力量。只有坚持和加强党对国有企业的全面领导，才能确保国有企业和国有资产牢牢掌握在国家和人民的手中，才能保证国有企业始终不变质、不变色、不变味。坚持党对国有企业的领导，是国有企业必须始终坚守的重大政治原则，是国有企业加强党的政治建设的根本原则。从政治领导方面来看，就是要求国有企业要坚决贯彻落实党中央的路线方针政策和重大决策部署，在政治立场、政治方向、政治原则、政治道路上同以习近平同志为核心的党中央保持高度一致，确保国有企业成为党和国家最可信赖的依靠力量。同时要服务好国家的重大战略，在推动国有企业在国家重大战略实施中发挥主力军作用。从思想领导方面来看，就是要求国有企业要主动强化理论武装，推动习近平新时代中国特色社会主义思想深入基层，通过开展各种形式的学习教育活动，如专题讲座、集中培训、在线学习等，引导国有企业干部职工增强“四个意识”、坚定“四个自信”、做到“两个维护”。大力培育企业文化，主动践行社会主义核心价值观，弘扬企业家精神和工匠精神，凝聚员工，激发员工的责任感使命感。从组织领导方面来看，就是要求国有企业要始终坚持党管干部、党管人才原则，按照国有企业领导人员“20字”标准，选拔培养高素质的企业领导人员和干部队伍。从保障机制方面来看，就是要求国有企业在制度规范里面要明确党组织在公司治理结构中的法定地位，规定党组织的职责权限、机构设置、运行机制等，使党组织发挥作用有章可循、有法可依。完善“三重一大”决策制度、党组织议事规则、党建工作责任制等制度，确保党组织参与企业重大决策、落实党管干部原则等有制度保障，推动党建工作规范化、制度化。近年来，中央企业把加强党的领导和完善公司治理统一起来，在维护国家战略安全、保障和改善民生等方面更加担当作为。①

2. 必须强化国有企业领导干部的政治理论学习

强化国有企业政治建设思想引领，是确保国有企业始终保持正确政治方向、发挥顶梁柱作用的关键。从内容方面来看，国有企业领导干部的政治理论学习主要需要聚焦以下几个方面：一是学习马克思主义基本原理，掌握辩证唯物主义关于世界的物质统一性、物质与意识的辩证关系、唯物辩证法的基本规律等原理，学会运用辩证思维和系统思维分析解决问题。学习马克思主义政治经济学，掌握社会主义市场经济理论，为国有企

① 参见付含宇、胡伯项《新时代国有企业党的政治建设的基本经验》，《党建》2022年第9期。

业在市场经济环境中制定发展战略、优化资源配置等提供理论支撑。二是学习习近平新时代中国特色社会主义思想，核心就是要深刻领会“十个明确”“十四个坚持”“十三个方面成就”等核心内容，把握习近平新时代中国特色社会主义思想对新时代坚持和发展中国特色社会主义的总目标、总任务、总体布局等重大问题的战略部署，将其作为国有企业领导干部谋划工作、推动发展的根本遵循。领会关于国有企业改革的方向、原则和路径等方面的要求，如坚持党对国有企业的全面领导、坚持社会主义市场经济改革方向、坚持增强活力和强化监管相结合等，推动国有企业高质量发展。三是学习党的方针政策与重要会议精神，结合国有企业实际，找准贯彻落实的切入点和着力点，为国家战略实施贡献力量。学习党的全国代表大会、中央全会、中央经济工作会议等重要会议精神，了解党和国家在不同阶段的中心任务和工作重点，将会议精神转化为企业的发展思路和具体举措。四是学习中国共产党党史、新中国史、改革开放史、社会主义发展史。系统学习中国共产党领导人民进行革命、建设、改革的历史进程，了解新中国成立以来特别是改革开放以来取得的伟大成就，深刻认识红色政权来之不易、新中国来之不易、中国特色社会主义来之不易，增强历史自信和文化自信，深刻认识国有企业在国家发展历程中的重要作用和使命担当，更好地把握企业发展的历史方位和战略方向。五是学习党纪国法与廉洁自律规定。重点是要深入学习《中国共产党章程》《中国共产党廉洁自律准则》《中国共产党纪律处分条例》《中国共产党问责条例》等党内法规，增强纪律意识和规矩意识，严格遵守党的政治纪律、组织纪律、廉洁纪律、群众纪律、工作纪律和生活纪律。学习与企业经营管理相关的法律法规，如公司法、企业国有资产法、合同法、知识产权法等，提高依法经营、依法治企的能力和水平，自觉抵制各种违法违纪行为。

3. 必须经常性开展国有企业党性教育

党性教育活动对于国有企业加强党的建设、提升党员干部素质、推动企业发展具有重要意义。一方面，要善于丰富党性教育内容，根据中国共产党党史、新中国史、改革开放史、社会主义发展史编印教材、制作视频，寓教于乐，让学习内容更加丰富。另一方面，要不断创新党性教育形式，坚持课堂教学与现场教学相结合，充分利用企业内部培训资源和外部党校、高校等教育机构，开展党性教育专题培训。同时，组织党员干部到红色教育基地、廉政教育基地、先进企业等进行现场教学，让党员干部在亲身感受中接受教育，增强党性教育的感染力和实效性。坚持线上教育与线下教育相结合，利用互联网和信息技术，开发建设党性教育在线学习平台，提供丰富的学习资源，包括视频课程、电子书籍、在线测试等，方便党员干部随时随地进行学习。结合线下的主题党日活动、组织生活会等，形成线上线下相互补充、相互促进的党性教育模式。同时，还要善于进行制度引领。国有企业党组织要根据上级党组织的要求和企业实际，制订年度党性教育计划，明确教育内容、形式、时间安排等，确保党性教育活动有计划、有步骤地开展。建立健全党性教育考核评价机制，将党员干部参加党性教育活动的情况纳入党员积分管理、干部绩效考核体系，作为评先评优、职务晋升的重要依据，激发党员干部参与党性教育的积极性和主动性。

（二）推动新时代国有企业党的思想建设走深走实

思想建设是党的基础性建设，坚持理想信念，坚持共产党人的初心使命，是共产党人的安身立命之本。党的二十大报告指出，坚持不懈用习近平新时代中国特色社会主义思想凝心铸魂，用党的创新理论武装全党是党的思想建设的根本任务。要教育引导全党牢记党的宗旨，挺起共产党人的精神脊梁，解决好世界观、人生观、价值观这个“总开关”问题。自觉做共产主义远大理想和中国特色社会主义共同理想的坚定信仰者和忠实实践者，不忘初心、牢记使命，必须作为加强党的建设的永恒课题和全体党员、干部的终身课题，常抓不懈。国有企业加强党的建设必须从加强党的思想建设着手，自觉带头，用党的创新理论武装各级组织和党员干部，纯洁我们的党性。

1.国有企业党的思想建设的根本任务

当前，党的思想建设的根本任务就是用习近平新时代中国特色社会主义思想武装全党。作为国有企业，推动国有企业党的思想建设的根本任务是什么呢？这是抓思想建设需要首先明确的问题。总的来说，国有企业党的思想建设的根本任务就是要坚持用习近平新时代中国特色社会主义思想武装头脑、指导实践、推动工作，培育和践行社会主义核心价值观，凝聚全体员工的思想共识，为企业的改革发展提供强大的思想动力和精神支撑，其主要体现在以下几个方面：一是强化理论武装，推动习近平新时代中国特色社会主义思想进企业、进车间、进班组、进头脑，引导广大员工深刻领会这一思想的精神实质和丰富内涵，增强“四个意识”、坚定“四个自信”、做到“两个维护”。要建立常态化的理论学习机制，通过党委中心组学习、党支部“三会一课”、专题讲座、在线学习等多种形式，组织员工深入学习党的理论知识，提高政治站位和理论素养。二是筑牢理想信念根基，通过不断加强对国有企业员工的理想信念教育，引导他们树立正确的世界观、人生观、价值观，坚定对马克思主义的信仰，对中国特色社会主义的信念，对实现中华民族伟大复兴的中国梦的信心。所有国有企业都要结合国有企业的使命和责任，经常性深入开展形势任务教育，让员工了解国家发展战略和企业发展目标，增强员工的使命感和责任感，把个人理想与企业发展、国家命运紧密结合起来。三是要培育和践行社会主义核心价值观，把社会主义核心价值观融入企业文化建设和企业管理全过程，通过宣传教育、文化活动、制度规范等多种方式，使社会主义核心价值观在员工中内化于心、外化于行。选树和宣传企业内部的先进典型，发挥榜样的示范引领作用，激励广大员工见贤思齐，弘扬正气，形成践行社会主义核心价值观的良好氛围。四是增强员工的凝聚力和向心力，通过广大党务工作者，不断加强思想政治工作，及时化解员工的思想矛盾和问题，维护员工队伍的稳定。通过开展丰富多彩的文化活动和团队建设活动，培育积极向上的企业文化，增强员工的归属感和认同感，促进员工之间的沟通与协作，形成团结奋进的强大合力。五是培养国有企业员工的担当精神和创新意识，鼓励员工勇于担当、敢于创新，在企业改革发展中发挥主力军作用，激发员工的创新活力和创造潜能，推动企业技术创新、管理创新和制度创新。

2. 国有企业加强党的思想建设的主要途径

落实国有企业思想建设的具体要求。以党的二十大精神为引领，抓好思想政治建设工作，高度重视思想建党、理论强党，坚持不懈用马克思主义科学理论武装全党，保证全党高度统一，是我们党的政治优势和成功经验，我们必须以党的二十大精神为引领，用主题教育来引领和检验国有企业思想政治建设的成果和效果。

（1）加强制度体系建设，突出员工思想教育工作。如果说制度体系是企业治理的骨架，那么思想工作就是企业治理的血管，构建一个管理有序、凝聚有效、攻坚有力的制度体系，越来越成为现代企业竞争的重要力量和核心资源。建立健全制度体系，首先要抓好领导班子建设，保证政治上的风清气正，这对企业的发展能起到更好的引领作用；其次要抓好思想体系建设，以员工为核心，突出“知识、思维、行为”三个方面制度建设。从主要制度载体来看，就是从抓培训、抓活动、抓思想这几个方面建立起制度体系。一是组织职工培训。职工培训是企业思想建设的主要内容，职工培训可以促进员工的思维和知识水平的提高，并为进入公司后的工作奠定坚实基础。二是组织好员工的文化活动。随着企业经济效益的增长，更侧重于员工的文化活动。通过各项集体活动和组织参观考察之类的活动，让员工进一步树立企业文化意识。三是加大思想工作力度。企业要引导员工不断加强自我教育，做到协调内在动机、引导精神兴奋，在外部环境中调控情感和思维，树立正确的世界观、价值观和人生观。四是提高员工福利待遇。对工作业绩优秀的员工应该给予一定的优厚待遇，如年终奖、股票期权、节假日福利等，以充实工作收益，增强企业凝聚力，提高员工的主人翁意识。

（2）做到“五个注重”掌握方式方法。思想建设是潜移默化的建设，是需要长期坚持的一项系统性工作，在抓思想建设过程中，国有企业党组织要掌握方法技巧，研究员工群体思想状况，才能起到事半功倍的效果。一是要注重丰富教育方式。在干部教育培训中灵活采用讲授式、研讨式、互动式等方式，探索“课堂+基地”实训模式，开展系列分享交流活动。创新应用微党课、举办线下讲座、组织观看电教片、开展身边典型宣传教育等，提高教育的实效性。二是要注重创新教育载体。建立基于PC端、移动App、微信端“三端一体”的培训终端载体网络教育培训平台，供党员领导干部随时随地学习。三是要注重建设思想阵地。深入开展教育活动，通过微博、微信等平台丰富教育形式，在教育培训中推出灵活多样的交流平台，研讨交流思想中的困惑和工作中的重点难点问题，进一步认清国有企业党员干部所肩负的职责使命。四是要注重促进成果转化。在干部理想信念教育过程中，注重发扬理论联系实际学风，更加坚定党员干部加快创建世界一流企业的信心和决心，有力推动党的理论优势转化为企业高质量发展优势。五是要注重建立长效机制。注重抓住“关键少数”，用好党委“第一议题”、中心组学习制度。建立健全党员干部思想教育培训机制，持续把理想信念教育、党性教育作为党员教育培训的必修课、常修课，坚持每年开展思想教育活动，推进理想信念教育融入日常、抓在经常。

（三）推动新时代国有企业党的组织建设走深走实

国有企业作为我国经济的重要支柱，在推动经济发展、保障国家安全、促进社会稳定等方面发挥着举足轻重的作用。基层党组织作为国有企业的战斗堡垒，其建设的质量和水平直接关系到国有企业的改革发展稳定。在新时代背景下，明确国有企业党组织的主要职责、加强国有企业基层党组织建设，对于提升国有企业的竞争力、实现国有资产保值增值、巩固党的执政基础具有重要的现实意义。

1.国有企业党组织的主要职责

根据《中国共产党国有企业基层组织工作条例（试行）》第三章规定，国有企业党委（党组）发挥领导作用，把方向、管大局、保落实，依照规定讨论和决定企业重大事项。主要职责是：

（1）加强企业党的政治建设，坚持和落实中国特色社会主义根本制度、基本制度、重要制度，教育引导全体党员始终在政治立场、政治方向、政治原则、政治道路等方面同以习近平同志为核心的党中央保持高度一致。

（2）深入学习贯彻习近平新时代中国特色社会主义思想，学习宣传党的理论，贯彻执行党的路线方针政策，监督、保证党中央重大决策部署和上级党组织决议在本企业贯彻落实。

（3）研究讨论企业重大经营管理事项，支持股东（大）会、董事会、监事会和经理层依法行使职权。

（4）加强对企业选人用人的领导和把关，抓好企业领导班子建设和干部队伍、人才队伍建设。

（5）履行企业党风廉政建设主体责任，领导、支持内设纪检组织履行监督执纪问责职责，严明政治纪律和政治规矩，推动全面从严治党向基层延伸。

（6）加强基层党组织建设和党员队伍建设，团结带领职工群众积极投身企业改革发展。

（7）领导企业思想政治工作、精神文明建设、统一战线工作，领导企业工会、共青团、妇女组织等群团组织。

国有企业党支部（党总支）以及内设机构中设立的党委围绕生产经营开展工作，发挥战斗堡垒作用。主要职责是：

（1）学习宣传和贯彻落实党的理论和路线方针政策，宣传和执行党中央、上级党组织和本组织的决议，团结带领职工群众完成本单位各项任务。

（2）按照规定参与本单位重大问题的决策，支持本单位负责人开展工作。

（3）做好党员教育、管理、监督、服务和发展党员工作，严格党的组织生活，组织党员创先争优，充分发挥党员先锋模范作用。

（4）密切联系职工群众，推动解决职工群众合理诉求，认真做好思想政治工作。领导本单位工会、共青团、妇女组织等群团组织，支持它们依照各自章程独立负责地开展工作。

（5）监督党员、干部和企业其他工作人员严格遵守国家法律法规、企业财经人事制度，维护国家、集体和群众的利益。

（6）实事求是对党的建设、党的工作提出意见建议，及时向上级党组织报告重要情况。按照规定向党员、群众通报党的工作情况。

2. 国有企业加强基层党组织建设的意义

从现实意义看，加强国有企业基层党的组织建设意义重大。一是巩固党的执政基础。国有企业作为党执政的重要经济基础，承载着实现国家经济发展战略和维护社会稳定的重要使命。加强基层党组织建设，是确保党的路线方针政策在企业中得到有效贯彻执行的关键环节。通过建立健全党组织架构，明确党组织的职责和功能，可以确保党的领导在企业中得到全面加强。这样一来，党的声音能够更好地传达到基层，党的决策能够更快速地转化为企业的实际行动，从而进一步巩固党的执政地位。二是促进企业改革发展。在国有企业中，基层党组织不仅是党的组织细胞，更是企业改革发展的重要推动力量。通过加强党组织建设，可以充分发挥党组织的政治引领作用和党员的先锋模范作用，引导企业员工积极投身改革。基层党组织能够深入了解员工的需求和关切，搭建起企业与员工之间的沟通桥梁，推动企业不断创新发展。同时，党组织的存在也为员工提供了一个学习、交流和成长的平台，有助于激发员工的创造力和创新精神，进而提高企业的核心竞争力。三是维护企业和谐稳定。在多元化的社会背景下，企业内部难免会出现各种矛盾和冲突。基层党组织在化解矛盾、协调关系、凝聚人心等方面具有独特优势。通过加强党组织建设，可以及时发现和解决员工的思想问题和实际困难，增强员工的归属感和忠诚度。党组织还可以组织各种文化活动和社会公益活动，增强企业的凝聚力和向心力，从而维护企业的和谐稳定。四是培养高素质党员队伍。国有企业的长远发展离不开一支高素质的人才队伍。通过加强基层党组织建设，可以培养和选拔一批政治素质高、业务能力强、群众基础好的党员干部。这些党员干部不仅能够在企业的日常运营中发挥重要作用，还能够在关键时刻挺身而出，引领企业走向正确的发展方向。同时，他们的榜样力量也能够激励其他员工不断学习和进步，为企业的长远发展提供坚实的人才保障。

（四）推动新时代国有企业党的作风建设走深走实

党的十八大以来，习近平总书记站在政治大局和事业全局高度，围绕新时代新阶段为什么加强、如何加强党的作风建设等重大问题，创造性地提出了一系列新理念新思想新举措，引领我们党以抓铁有痕、猛药去疴的坚强意志纠“四风”、树新风，党风政风为之焕然一新。作风建设永远在路上。国有企业是中国特色社会主义的重要物质基础和政治基础，是我们党执政兴国的重要支柱和依靠力量，必须深入贯彻习近平总书记关于加强党的作风建设的重要论述精神，以作风建设新成效为履行党和人民赋予的历史使命提供保障。

1.作风建设是加强国有企业党建工作的内在要求

加强党的作风建设是坚守党的初心使命、践行党的根本宗旨的重要保证，是锻造忠诚干净担当的干部队伍的时代需要。加强党员干部作风建设对国有企业而言意义重大，体现在政治引领、企业管理、文化塑造等多个关键层面，可以说作风建设是国有企业的根和魂。第一，加强作风建设是国有企业强化政治引领的内在要求。这也是国有企业的政治属性决定的，国有企业是中国特色社会主义的重要物质基础和政治基础，加强党员干部作风建设，能确保党员干部坚定不移地贯彻党的路线方针政策，在思想上、政治上、行动上同党中央保持高度一致，引领国有企业始终沿着正确的政治方向发展，成为党和国家最可信赖的依靠力量。反之，作风过硬的党员干部又能够更好地将党和国家的重大决策部署落实到企业的具体工作中，积极承担社会责任，在保障国家能源安全、推动重大基础设施建设、促进产业升级等方面发挥关键作用，为实现国家战略目标贡献力量。第二，加强作风建设是提升国有企业管理效能的内在要求。作风建设可以提高企业决策科学性，作风优良的党员干部在决策过程中能够坚持实事求是、深入调查研究，充分考虑企业实际情况和市场规律，广泛听取各方面意见，避免盲目决策和主观臆断，从而提高决策的科学性和准确性，降低企业经营风险。作风建设可以增强国有企业执行力度，培养党员干部雷厉风行、真抓实干的工作作风，使其在执行企业决策和工作任务时不打折扣、不搞变通，确保各项工作部署能够迅速、有效地得到落实，提高企业的运营效率和执行力。作风建设可以不断优化国有企业内部监督，作风正派的党员干部能够以身作则，自觉接受监督，同时也能更好地履行监督职责，加强对企业内部各个环节的监督管理，防止出现违规操作、滥用职权等问题，维护企业的正常经营秩序。第三，加强作风建设是国有企业树立良好企业形象的内在要求。好的企业作风可以赢得社会信任，国有企业党员干部的作风状况直接关系到企业的社会形象，作风优良的党员干部能够以良好的精神面貌和工作业绩，赢得社会各界的信任和支持，提升企业的社会声誉和美誉度，为企业的发展创造良好的外部环境。好的企业作风可以增强经济合作吸引力，在与合作伙伴的交往中，党员干部展现出的严谨、诚信、负责的工作作风，能够增强合作伙伴对企业的信心，吸引更多的合作机会，推动企业实现互利共赢，促进企业的持续发展。

2. 国有企业作风建设面临的长期性问题

（1）纪律规矩意识淡薄。部分国企领导干部理想信念不坚定，廉洁从业意识不强，没有把严明纪律、作风建设与国企管理深度融合。少数党员干部思想认识还不到位，没有认识到改进工作作风的重要性，一些不当想法、做法仍然在习惯性地延续，工作中还能听到如“以前都是这样安排的、一直都是这么做的”等此类说辞为一些行为作辩解。认为改进工作作风是对党政机关公务人员的具体要求，在国企落实规定没有必要，只有抓好生产经营工作，提高企业经济效益才是实实在在的事情。对于一些被查处的案例，甚至抱有一种同情心理，认为是“运气不好”“上面管得太严了”，等等，潜意识里的特权意识、享乐主义没有根除，从而使执行作风建设打了折扣。

（2）“两个责任”落实不到位。有的国企党组织对学习领会上级作风建设精神不够深入、主动，结合本单位实际落实开展专题研究部署工作较少，对整个系统作风管理有欠缺，重机关本级轻下属单位、重自身学习轻对下宣传贯彻，对下属单位作风建设方面调研不够、推动不深。有的班子成员履行“一岗双责”方法不多，停留在普遍性的廉政谈话上，个别班子成员对落实中央八项规定精神要求不严，作风建设工作向下传导时存在层层递减现象。

（3）监督力度需进一步加强。有的国企配备专职纪检监察干部人数不足，纪检监察干部力量普遍比较薄弱，有的纪检监察干部还存在兼职从事综合事务、人力资源等工作的情况，不能一心一意开展纪检监察工作。个别人员对待监督的态度不端正，自我感觉良好，对监督有抵触情绪，违纪违规行为还时有发生。监督检查方式方法单一，缺乏新招数，特别是针对当下作风问题出现的新情况、新形式，找不到针对性、实效性强的好办法，监督内容、标准和程序需进一步加强。

3.高质量加强国有企业作风建设的重点

（1）深化政治建设。国有企业要长期扎实推进学习教育常态化制度化，要切实加强政治理论学习，教育广大党员干部在不断学习中增强“四个意识”、坚定“四个自信”、做到“两个维护”，始终牢记初心使命，始终确保国企始终忠于党、听党指挥。同时，还要经常性做好警示教育，专题学习上级通报的作风建设典型案例，并结合单位实际以案说纪，组织开展专题讨论，增强学习实效性和针对性，引导广大党员干部牢记“国企姓党”，始终警醒第一职责是为党工作，坚决执行上级决策部署，严格遵守党章和党内政治生活准则，不断提高自身的政治觉悟和政治能力。

（2）聚焦“关键少数”。作风建设是重点，党员干部是关键，发挥好党员干部“关键少数”的引领作用，就能强化责任担当，形成“头雁效应”。国企党员领导干部要自觉树立优良作风，以身作则、率先垂范，引领和带动整个风气向上向好。领导班子要强化抓作风建设的责任意识，定期分析研究本单位、本系统作风建设状况，增强对联系部门和单位作风建设的督促指导，加大支持纪委履职力度，构建作风建设“长期抓、全面抓、日常抓、一级抓一级、层层抓落实”的常态化工作格局。抓好领导干部的日常管理监督工作，强化责任追究，坚持“一岗双责”“一案双查”，用好问责“撒手锏”，对管党治党主体责任缺失，“四风”和腐败问题多发频发等问题严肃追究责任。

（3）强化监督执纪。国有企业要不断加强监督的刚性，要发扬认真较真精神，对作风不好、违纪违法的党员进行批评教育、惩治查处，绝不能放弃批评和斗争，搞无原则的一团和气，真正做到真管真严、敢管敢严、长管长严。提高查处力度，坚持紧盯关键节点抓作风建设，有序、有计划实施，抓常抓早，重点对准“不收敛、不知止”者，发现一起坚决查处一起，绝不姑息，对违纪严重失职失责被问责的，以及发生在群众身边、影响恶劣的不正之风和腐败问题，并受到党纪处分的，全部点名道姓通报曝光，坚决遏制住顶风违纪的“增量”。要发挥大监督工作机制，将纪律监督、作风监督延伸到企业生产经营各个环节，特别是对履行政治责任不到位、履行“一岗双责”不到位、履行国家战略功能和社会功能不到位、履行提升经济效能优化经济布局不到位等问题进行跟踪问效问责。

（五）推动新时代国有企业党的纪律建设走深走实

2023年12月19日颁布修订后的《中国共产党纪律处分条例》（以下简称《条例》），是为了维护党章和其他党内法规，严肃党的纪律，纯洁党的组织，保障党员民主权利，教育党员遵纪守法，维护党的团结统一，保证党的理论、路线、方针、政策、决议和国家法律法规的贯彻执行，根据《中国共产党章程》而制定的。加强国有企业党的纪律建设是确保政治方向的内在要求，加强纪律建设能确保国有企业党员干部在思想上政治上行动上同党中央保持高度一致，保证国有企业始终成为党和国家最可信赖的依靠力量，切实履行好经济责任、政治责任和社会责任。加强国有企业党的纪律建设是保障企业发展支撑，严格的纪律能规范企业经营管理行为，防范各类风险，确保国有资产保值增值，促进国有企业在市场竞争中健康稳定发展。加强国有企业党的纪律建设是纯洁党员队伍的政治需要，有助于打造一支忠诚干净担当的高素质国有企业党员干部队伍，防止腐败和不良作风滋生，保持企业党组织的先进性和纯洁性。所以，国有企业党员干部要自觉增强纪律意识，必须以身作则、率先垂范，学习好党的纪律、遵守好党的纪律，扛起国有企业全面从严治党的责任担当。

党的“六项纪律”包括政治纪律、组织纪律、廉洁纪律、群众纪律、工作纪律和生活纪律。这些纪律是《条例》的重要组成部分，明确了党员在政治、组织、廉洁、群众、工作和生活方面的行为规范和底线。这些纪律的修订和实施，反映了党的十八大以来全面从严治党的实践经验，具有很强的现实针对性。党的纪律建设必须坚持以马克思列宁主义、毛泽东思想、邓小平理论、“三个代表”重要思想、科学发展观、习近平新时代中国特色社会主义思想为指导，坚持和加强党的全面领导，坚决维护习近平总书记党中央的核心、全党的核心地位，坚决维护以习近平同志为核心的党中央权威和集中统一领导，弘扬伟大建党精神，坚持自我革命，贯彻全面从严治党战略方针，落实新时代党的建设总要求，推动解决大党独有难题、健全全面从严治党体系，全面加强党的纪律建设，为以中国式现代化全面推进强国建设、民族复兴伟业提供坚强纪律保障。

1. 严守政治纪律

政治纪律是各级党组织和全体党员在政治方向、政治立场、政治言论、政治行为方面必须遵守的规矩，是维护党的团结统一的根本保证。国有企业全体党员都要作严守政治纪律的表率。第一，做到始终坚定理想信念，国有企业党员干部须笃定马克思主义信仰，对共产主义远大理想和中国特色社会主义共同理想深信不疑，将其作为精神支柱与政治灵魂。例如，在企业面临转型升级、改革攻坚等复杂局面时，凭借坚定信仰，保持战略定力，不为短期利益诱惑所动，坚定不移推进企业长远发展战略。第二，做到始终维护党中央的权威，毫不动摇地坚持党中央集中统一领导，在思想、政治、行动上与党中央保持高度一致。无论企业开展何种业务、处于何种发展阶段，都要坚决贯彻党中央决策部署，如在落实国家供给侧结构性改革、推动绿色发展等政策要求时，必须迅速响应，不打折扣。第三，做到始终遵守党的政治路线。就是对国有企业而言，要在日常经营管理中，把握好改革与稳定、创新与守正的关系，推动企业高质量发展，为国家经济建设贡献力量。第四，做到始终坚持好党内政治生活，具体就是严格落实“三会一课”、民主生活会、组织生活会等制度，通过批评和自我批评，不断增强党性修养，提升政治觉悟，净化本企业党内的政治生态。

2. 严守组织纪律

组织纪律是规范和处理党的各级组织之间、党组织与党员之间以及党员与党员之间关系的行为规则，是维护党的集中统一、保持党的战斗力的重要保证。国有企业党员干部要以此为戒、警钟长鸣，自觉增强党的意识，强化组织观念，做到思想上认同组织、政治上依靠组织、工作上服从组织、感情上信赖组织，时刻将纪律和规矩挺在前面，自觉接受组织纪律的约束，干事创业才能不偏方向。对国有企业组织而言，就是要不断完善组织制度建设相关要求，特别是完善党组织议事规则、决策程序等制度，明确党组织在企业决策、执行、监督等各个环节的权责和工作方式，确保党组织发挥领导核心作用。严格执行民主集中制，对于重大事项决策、重要干部任免、重大项目安排和大额度资金使用等“三重一大”事项，必须按照集体领导、民主集中、个别酝酿、会议决定的原则，由集体讨论决定。对于国有企业党员干部而言，就是要自觉服从党组织安排，服从企业发展大局，在急难险重问题面前勇挑重担，担当在前，就是要自觉处理好个人利益与集体利益关系，处理好个人意愿与组织要求、企业发展需要的关系，不管在哪个岗位上都能做到爱岗敬业、无私奉献。

3. 严守廉洁纪律

廉洁纪律是党的各级组织和全体党员为确保清正廉洁，在从事公务活动或者其他活动中应当遵守的廉洁用权的行为规则。如果不清楚廉洁纪律的具体要求是什么，没有弄明白能干什么、不能干什么，就有可能“无知者无畏”，甚至跌入违法犯罪的深渊。国有企业要不断加强廉洁纪律建设，具体来讲，就是要根据国家法律法规和党内纪律要求，结合企业实际，制定详细的廉洁从业实施细则，对党员干部的行为进行具体规范。要制定涵盖财务管理、物资采购、项目招投标、资产管理等各业务环节的廉洁制度，明确操作流程和廉洁规范，堵塞管理漏洞。要针对不同岗位、不同层级的党员干部，开展有针对性的廉洁培训，如对采购部门人员重点培训采购环节的廉洁风险防控等。要建立健全党内监督、审计监督、监事会监督、群众监督等相结合的大监督体系，形成监督合力，实现对企业经营管理和党员干部行为的全方位监督。国有企业党员尤其是党员领导干部要不断加强廉洁学习，明确行为底线，做到心中有戒，要不断规范自己的行为，正确行使手中的权力，不以权谋私，在涉及项目审批、资金使用、人事任免等关键事项上，严格按制度和程序办事，做到公正廉洁。坚决抵制各种利益诱惑，不接受供应商、客户等的贿赂、回扣、礼品礼金等，不参加可能影响公正执行公务的宴请、旅游、娱乐等活动。加强对配偶、子女、亲属和身边工作人员的教育和管理，防止他们利用自己的职务影响力谋取私利，做到廉洁齐家。

4.严守群众纪律

群众纪律是党的各级组织和全体党员坚持以人民为中心的发展思想和处理党群关系时必须遵守的行为规则，对国有企业来讲同样如此，必须把职工群众放在首位，依靠职工群众发展企业，职工群众共享企业发展成果，这也充分体现了党的性质和宗旨，是密切党同人民群众血肉联系、克服脱离群众危险的重要保证。国有企业严守群众纪律，要求自觉做到3个方面：第一，不断增强自身的群众观念，深入学习党的群众路线、根本宗旨等理论知识，通过参加党校培训、专题研讨班等，提高对群众纪律的认识和理解，强化为人民服务的宗旨意识。积极主动自觉参加各类主题教育活动，通过学习先进典型、进行自我反思等，不断增强群众观念，将群众利益放在首位。第二，切实做到为群众办实事，既要立足本职岗位，努力提高自己岗位的工作效率和质量，推动企业发展壮大，为员工创造更好的工作环境和发展机会，从根本上保障群众利益；又要主动了解群众的困难和需求，积极为群众办实事、解难题，比如帮助员工解决工作中的技术难题、生活中的实际困难，为群众提供实实在在的帮助。第三，自觉接受群众监督，定期与员工进行沟通交流，主动征求员工对自己工作的意见和建议，虚心接受批评，不断改进工作方法和作风。按照党员领导干部民主生活会有关规定，定期如实报告个人有关事项，接受组织和群众的监督，增强自身行为的透明度，以实际行动取信于群众。

5.严守工作纪律

《条例》第十章“对违反工作纪律行为的处分”的第一条，就是对于工作中不负责任或者疏于管理等情形的处分。这表明，判断一名党员干部是否遵守工作纪律的一条基本原则，就是看其在工作中是否真负责、真担当。国有企业和国有企业党员干部严守工作纪律，是企业健康发展、党员干部履职尽责的重要保障。国有企业要将工作纪律执行情况纳入员工绩效考核体系，明确考核标准和权重，对严格遵守工作纪律的员工给予加分奖励，对违反工作纪律的员工进行扣分处罚，并与员工的薪酬、晋升、评先评优等直接挂钩。要根据考核结果，严格兑现奖惩，对遵守工作纪律表现优秀的员工，给予物质和精神奖励，如奖金、荣誉证书等；对违反工作纪律的员工，按照规定给予相应的处罚，如警告、罚款、降职、辞退等，做到奖惩分明。国有企业党员要提高工作纪律意识，以身作则，发挥模范带头作用，带头遵守考勤制度，不迟到、不早退、不旷工；严格执行工作流程和操作规范，确保工作质量和效率；保守企业机密，不泄露工作中的敏感信息。在工作中，党员干部要以高标准严格要求自己，以良好的工作作风和纪律形象影响和带动身边的员工，形成人人遵守工作纪律的良好氛围。要认真履行职责，积极主动地承担工作任务，不推诿、不扯皮，以高度的责任感和敬业精神，认真履行岗位职责，努力完成各项工作任务。要注重工作细节，追求工作卓越，不断提高工作质量和水平。

6.严守生活纪律

生活纪律是国有企业党员在日常生活和社会交往中应当遵守的行为规则，涉及党员的个人品德、家庭美德、社会公德等各个方面。生活纪律主要包括5个方面内容：一是党员干部不得生活奢靡、铺张浪费、贪图享乐，不得追求低级趣味；二是党员干部不得与他人发生不正当性关系；三是党员干部要重视家庭家教家风建设，不得对配偶、子女及其配偶失管失教；四是党员干部不得有违背社会公序良俗的行为，尤其是在公共场所、网络空间等不得有不当言行；五是党员干部不得有其他严重违反社会公德、家庭美德的行为。国有企业党员要始终怀有敬畏之心，严守生活纪律。第一，要不断加强自我约束，自觉用党的生活纪律规范自己的言行举止，做到慎独、慎微、慎初，在无人监督的情况下，也能严格要求自己，不做违反道德和纪律的事情。积极培养健康向上的生活情趣和爱好，如读书、运动、艺术创作等，远离不良嗜好和低级趣味，丰富自己的精神生活，提升自身的文化素养和道德修养。第二，要始终注重家庭建设，重视家庭、注重家教、培育家风，以良好的家风涵养清正的作风，教育引导家庭成员遵纪守法、诚实守信、尊老爱幼，形成积极向上的家庭氛围。关心关爱家人，妥善处理好工作与家庭的关系，避免因家庭矛盾或问题影响工作和个人形象。同时，要严格要求家庭成员，防止他们利用自己的职务便利谋取私利。第三，要自觉净化社交环境，慎重选择社交圈子，结交良师益友，远离那些可能对自己产生不良影响的人。与朋友交往要讲原则、守底线，不参与任何形式的不正当交往和活动。在社交活动中，不利用职权和职务影响进行利益交换，不接受可能影响公正执行公务的宴请、礼品等，维护正常的人际关系和社交秩序。

（六）推动新时代国有企业党的制度建设走深走实

坚持党的领导、加强党的建设，是我国国有企业的光荣传统，是国有企业的“根”和“魂”，是我国国有企业的独特优势。从计划经济时期到市场经济时期，党的领导、党的建设始终在国有企业发展改革中发挥着关键作用，在提升国有企业生产经营绩效、更好地发挥国有企业在国家治理中的作用等诸多方面作出了巨大贡献。党的十八大以来，以习近平同志为核心的党中央高度重视国有企业改革发展和党的工作，作出了一系列重要部署。针对国有企业党的领导、党的建设新形势新任务，先后出台了《关于中央企业党委在现代企业制度下充分发挥政治核心作用的意见》《关于在深化国有企业改革中坚持党的领导加强党的建设的若干意见》等文件予以规范指引，在《中国共产党党组工作条例》《中共中央、国务院关于深化国有企业改革的指导意见》等法规文件中也提出了相应要求。2016年10月，习近平总书记在全国国企党建工作会上强调了“坚持党对国有企业的领导是重大政治原则，必须一以贯之；建立现代企业制度是国有企业改革的方向，也必须一以贯之”这一根本原则，着重强调“把党的领导融入公司治理各环节，把企业党组织内嵌到公司治理结构之中”这一个中国特色现代国有企业制度的关键特征，明确提出“党建入公司章程”的具体要求，回答了国有企业要不要坚持党的领导、加强党的建设，怎样坚持党的领导、加强党的建设等一系列重大理论和实践问题，为新时代坚持党对国有企业的全面领导、做强做优做大国有企业，指明了前进方向、提供了根本遵循。2017年10月，党的十九大对党章第三十三条国有企业部分作出重大修改，在党的根本大法层面明确了新时代国有企业党组织的功能定位和职责权限。2019年12月，国有企业党建的首部专门性党内法规《中国共产党国有企业基层组织工作条例（试行）》颁布，提供了系统全面的工作规范和专业指导。2021年5月，《关于中央企业在完善公司治理中加强党的领导的意见》围绕“加强党的领导”进一步作出部署。2022年10月，党的二十大报告再次重申“推进国有企业、金融企业在完善公司治理中加强党的领导”要求。

党的建设的历史经验证明，制度具有长期性、稳定性、持久性和根本性。国有企业党组织要加强党的建设，必须健全党建制度机制，坚持制度治党，为高质量发展提供制度保障。

1. 建立党建相关制度体系

国有企业基层党组织要按照党章、《中国共产党国有企业基层组织工作条例（试行）》等有关规定，结合实际，制定党建制度建设规划，规范党组织会议议事规则、民主生活会、谈心谈话、党费收缴使用管理、党员经常性学习等制度，建立落实全面从严治党主体责任清单，为党建工作高质量开展提供坚实有效保障。独立法人企业党组织，要在完善公司治理中加强党的领导，将党建工作写入公司章程，建立重大事项决策权责清单及前置讨论重大经营管理事项清单，要在文件制度中明确党组织研究决定事项和前置研究讨论事项的边界，以及重大经营管理事项与一般性经营管理事项的边界，推动党的全面领导在企业落地落实。

2.完善管理监督制度机制

强化目标导向，推动互融互促。要准确把握党建工作与业务工作的内在联系，以服务大局为根本，结合年度业务重点工作，每年底或次年初研究制订党建业务融合开展的工作计划，明确时间节点及责任分工，压紧压实责任，确保党的建设与业务工作目标同向、一体管理、同步推进。强化过程监督，推进有效管理。要健全完善定期听取汇报、分析研判、督促落实等工作机制，如每年召开至少1次专题会议对党建工作进行部署，至少2次专题会议研究全面从严治党工作，至少每季度专题分析研判1次党建工作情况，定期组织开展抓党建工作述职评议考核等。建立智慧党建平台的党组织，可通过互联网大数据等技术，督促各级党组织有效开展日常党建工作，推动全面从严治党向纵深发展。

3.发挥考核制度导向作用

量化考核指标。健全完善党建工作量化考核评价机制，结合年度党建工作重点任务，明确具体考核评价内容及具体量化分值，推动科学、系统、全面、量化考评。树立正确导向。设党委的党组织要定期对考核优秀的基层党组织、党务工作人员、党员进行表彰奖励，对考核结果一般的党组织采取个别谈话、限期整改等方式予以提醒，对考核结果较差的党组织对其负责人进行函询或诫勉谈话，并要求其限期整改。强化结果运用。充分发挥考核“指挥棒”作用，把抓党建工作考核纳入绩效考核，将考核结果作为基层党组织及其负责人业绩评定、奖励惩处、责任追究等的重要依据，与其薪酬调整、年度绩效管理挂钩，着力破解党建工作虚化、弱化、“两张皮”现象。

（七）推动新时代国有企业党风廉政建设和反腐败斗争走深走实

党的二十大报告对坚定不移全面从严治党、加强党风廉政建设和反腐败斗争作出重大部署，要求坚持以严的基调强化正风肃纪，坚决打赢反腐败斗争攻坚战持久战。习近平总书记强调，党和人民把国有资产交给企业领导人员经营管理，是莫大的信任。要加强对国有企业领导人员的党性教育、宗旨教育、警示教育，严明政治纪律和政治规矩，引导他们不断提高思想政治素质、增强党性修养，从思想深处拧紧螺丝。要突出监督重点，强化对关键岗位、重要人员特别是一把手的监督管理，完善“三重一大”决策监督机制，严格日常管理，整合监督力量，形成监督合力。如何深入学习贯彻党的二十大精神，持之以恒加强新时代国有企业党风廉政建设，进一步有效发挥国有企业纪检组织监督保障执行、促进完善发展作用，更好地巩固党的执政基础，保障国有企业持续健康、高质量发展，是摆在国有企业纪检组织面前的一个重要课题。

1.新时代国有企业党风廉政建设意义重大

加强新时代国有企业党风廉政建设是落实全面从严治党主体责任、加强国有企业党的建设的重要任务。习近平总书记在全国国有企业党的建设工作会议上强调：“坚持党的领导、加强党的建设，是我国国有企业的光荣传统，是国有企业的‘根’和‘魂’，是我国国有企业的独特优势。”党风廉政建设是党的建设的重要组成部分。党的十八大以来，以习近平同志为核心的党中央提出了“四个全面”战略布局，全面从严治党已成为党的建设新的伟大工程和党的建设新常态，并取得了巨大成效。党的二十大报告对坚定不移全面从严治党，深入推进新时代党的建设新的伟大工程，推动党风廉政建设和反腐败斗争向纵深发展作出新的重大部署。保证党的路线方针政策和决策部署在国有企业的不折不扣贯彻落实，全面加强国有企业党的建设，压实全面从严治党主体责任、党风廉政建设“两个责任”，是国有企业党组织和纪检组织的重要任务和职责所在，对于巩固党的执政基础具有重大意义，必须不折不扣地抓好落实。

加强新时代国有企业党风廉政建设是实现企业高质量发展的重要保障。党的二十大报告要求：“深化国资国企改革，加快国有经济布局优化和结构调整，推动国有资本和国有企业做强做优做大，提升企业核心竞争力。”国有企业作为中国特色社会主义的重要物质基础和政治基础，是党执政兴国的重要支柱和依靠力量，实现高质量发展，进一步做强做优做大，是国有企业践行政治责任、经济责任和社会责任的任务要求和职责使命。面对全面建成社会主义现代化强国、实现第二个百年奋斗目标的中心任务，迫切需要风清气正的良好政治生态和干事创业的浓厚氛围。加强新时代国有企业党风廉政建设，对于确保国有企业正确发展方向、压实全面从严治党主体责任、防范廉政和管理风险、推动战略实施、实现高质量发展，为党分忧、为国尽责、为民造福，具有重大的历史和现实意义。

加强新时代国有企业党风廉政建设是国有企业建设忠诚、干净、担当的高素质领导人员队伍的内在要求。国有企业领导人员是党在经济领域的执政骨干，是治国理政复合型人才的重要来源，肩负着经营管理国有资产、实现保值增值的重要责任。大力加强党风廉政建设，推进忠诚、干净、担当的高素质领导人员队伍建设，对于营造国有企业领导人员健康发展、企业健康可持续发展“两个平安”环境，提升企业核心竞争力，实现国有资本保值增值，具有重大的保障作用。

2. 国有企业党风廉政建设任重而道远

党风廉政建设“两个责任”压得不紧不实的问题依然存在。尽管近年来，随着全面从严治党向纵深推进，国有企业各级党组织落实全面从严治党、党风廉政建设的主体责任和纪委监督责任的意识显著增强，工作力度进一步加大，但从巡视巡察、全面从严治党检查、专项督查等发现的问题以及信访举报查实的问题中反映出，有的党组织的主体责任意识还不够强，在抓紧抓严上还有差距，纪委监督责任有效发挥上还不到位，一体推进不敢腐、不能腐、不想腐的制度机制上还不完善，仍存在“两个责任”落实不到位的问题。

廉洁教育不深不牢的问题仍然存在。虽然近年来，各级对廉洁教育的重视程度明显提高，每年都在组织开展党风廉政教育，也取得了一定成效，但从实际工作看，有的单位仍存在教育形式单一、内容乏味、措施不力、效果不佳的问题，有的党员干部不走心不入脑、理想信念不牢，宗旨意识、纪律意识、规矩意识不强的问题依然存在。

制度执行不力不严问题仍然存在。虽然近年来，党风廉政建设制度体系不断完善，出台了一系列制度办法，较好地发挥了警示、制约、保证作用，但有的单位在制度学习、宣贯、执行上抓得不够有力，在学责、明责、践责上不到位，从严从实抓执行、强监督、保落实上还有差距，一定程度上影响工作成效。

纪检力量不足不强的问题仍然存在。随着近年来全面从严治党和纪检监察体制改革深入推进，国有企业纪检监察队伍得到有力充实和加强，但全面从严治党、党风廉政建设的艰巨任务对企业纪检监察队伍能力素质、整体实力提出严要求、带来新挑战，有的单位纪检队伍充实上有困难，存在不愿干和储备不足的问题；有的单位纪检队伍新人多、复合型能力不足，存在不会干和能力素质亟待提升的问题，迫切需要进一步加大国有企业纪检监察队伍建设力度、提升队伍综合素质和实力。

3.国有企业党风廉政建设应该怎么抓

全面从严治党永远在路上，国有企业党风廉政建设没有休止符。面对党的二十大作出的新的重大部署和要求，面对改革发展的艰巨任务，国有企业必须以高度的政治责任感紧迫感，以自我革命精神，敢于监督、善于监督、勤于监督，进一步提升国有企业党风廉政建设成效，为我国全面建成社会主义现代化强国、实现第二个百年奋斗目标，为国有企业高质量发展保驾护航。

（1）着力抓教育，夯实拒腐防变思想根基。要坚持不懈用党的创新理论凝心铸魂，旗帜鲜明讲政治，国有企业要以党员干部为重点，坚持把政治建设放在首位，持续强化理论武装，坚持不懈以习近平新时代中国特色社会主义思想武装党员干部。当前和今后一个时期，要把学习宣传贯彻党的二十大精神作为首要政治任务，发挥党员干部的表率作用，通过理论学习中心组、“第一议题”、“三会一课”、主题党日、“学习强国”平台、集中培训，着力学懂弄通做实党的二十大精神，做政治上的明白人，推动党的二十大精神落实落地。要坚持强化政治规矩、政治纪律教育。抓好党章党规教育，强化纪律观念、宗旨意识，引导广大党员干部树立正确的世界观、人生观、价值观，把牢思想“总开关”。要增强教育的针对性、实效性。如在抓好日常教育、以案为鉴、以案促改教育的同时，积极探索“廉洁+”教育新模式，深入开展以工程项目廉洁教育为重点、全方位教育为补充的“廉洁+”教育实践活动，深入贯彻落实《关于加强新时代廉洁文化建设的意见》，提升廉洁文化软实力，坚决纠正“四风”，为实现企业高质量发展提供有力的文化支撑和纪律支持。

（2）着力抓监督，服务党和国家事业发展。要突出政治监督保落实。坚持聚焦党和国家工作大局强化监督，确保党的各项重大部署落实落地。

要深化“大监督”格局保落实。加大“大监督”工作格局向纵深推进、向基层项目延伸力度，推动监督下沉、监督落地，让基层干部感受到监督、习惯被监督，让基层群众知道监督、参与监督，形成全员参与监督的氛围。要推动监督与治理有效对接保落实。建立反腐败协调领导机构和工作机制，着力构建党委统筹指挥、纪委组织协调、职能部门高效协同、职工群众支持参与的反腐败工作体制机制。探索建立以党内监督为主导，促进审计、财务等各类监督贯通协调有效机制，跟踪督办企业重点改革举措，聚焦捍卫制度、落实决策、履行责任、行使权力等关键环节加强监督，促进监督更好融入区域治理、部门治理、行业治理、基层治理、单位治理，更好地把监督体系与治理体系对接起来。要聚焦重点关键深化日常监督保落实。持续着重抓好“一把手”和领导班子成员的监督，有效发挥示范作用；加强对领导干部“八小时”以外的监督，综合施治系统解决问题。

（3）着力抓机制，推动党风廉政建设落实落地。要着力压实责任机制。通过强化培训、考核、追责问责等，提升国有企业各级党组织抓党风廉政建设主体责任、党组织书记第一责任、其他班子成员“一岗双责”意识，切实把党风廉政建设主体责任扛在肩上、抓在手上；要强化顶层设计，自觉把党风廉政建设纳入企业发展总体布局、党建重点工作、领导班子管理目标、干部考评体系，形成党建引领、领导带头、层层落实、全面推进的工作格局，推动党风廉政建设与企业生产经营中心工作深度融合，同部署、同落实、同检查、同考核，全面从严、一体推进。要进一步坚持与企业内控机制建设、企业治理结构和风险管控体系有机融合，努力做到用制度管人管事管权，用制度推动工作落实。对落实集约化管理，杜绝工程违法发包转包分包、挂靠、标准化建设、“三重一大”决策制度等情况开展监督检查。围绕企业中心工作，以提高经济运行质量、助推提质增效为重点，有效防范化解经营风险和廉洁风险。

第二章

新时代国有企业党建工作基本制度

02

CHAPTER

党建兴则企业兴，党建强则企业强。一部国有企业发展史，就是一部坚持党的领导、加强党的建设的历史。办好中国的事情，关键在党；发展壮大国有企业，关键在党的建设。不断提升党的建设质量是新时代党的建设总要求的重要内容，国企党建作为党的建设的重要组成部分，事关党的建设整体质量，必须深入把握党建规律和实践要求，以创新的思维、坚强有力的举措巩固提升国企党建质量。本章主要从国有企业党建工作着手，对国有企业党建工作基本制度进行分析阐述。

一、国有企业党委（党组）参与企业重大问题决策制度

《中国共产党国有企业基层组织工作条例（试行）》第十五条进行了六类事项的明确规定，这是所有国企制定前置研究事项清单的基本依据。国有企业重大经营管理事项必须经党委（党组）研究讨论后，再由董事会或者经理层作出决定。研究讨论的事项主要包括：贯彻党中央决策部署和落实国家发展战略的重大举措；企业发展战略、中长期发展规划，重要改革方案；企业资产重组、产权转让、资本运作和大额投资中的原则性方向性问题；企业组织架构设置和调整，重要规章制度的制定和修改；涉及企业安全生产、维护稳定、职工权益、社会责任等方面的重大事项；其他应当由党委（党组）研究讨论的重要事项。

那么，国有企业党组织如何积极有效参与企业重大决策，是需要深入讨论和研究的问题。在国有企业的治理体系中，“三重一大”权责事项清单和党委前置研究事项清单发挥着至关重要的作用，是规范企业决策行为、防范风险、保障企业健康发展以及落实党的领导的关键制度安排。“三重一大”权责事项清单和党委前置研究事项清单在国有企业治理中相辅相

成，共同推动企业科学决策、健康发展。中共中央办公厅、国务院办公厅印发的《关于进一步推进国有企业贯彻落实“三重一大”决策制度的意见》对相关程序作出了规定。

（一）“三重一大”事项的主要范围

1. 重大决策事项，是指依照《中华人民共和国公司法》《中华人民共和国全民所有制工业企业法》《中华人民共和国企业国有资产法》《中华人民共和国商业银行法》《中华人民共和国证券法》《中华人民共和国保险法》以及其他有关法律法规和党内法规规定的应当由股东大会（股东会）、董事会、未设董事会的经理班子、职工代表大会和党委（党组）决定的事项。主要包括企业贯彻执行党和国家的路线方针政策、法律法规和上级重要决定的重大措施，企业发展战略、破产、改制、兼并重组、资产调整、产权转让、对外投资、利益调配、机构调整等方面的重大决策，企业党的建设和安全稳定的重大决策，以及其他重大决策事项。

2. 重要人事任免事项，是指企业直接管理的领导人员以及其他经营管理人员的职务调整事项。主要包括企业中层以上经营管理人员和下属企业、单位领导班子成员的任免、聘用、解除聘用和后备人选的确定，向控股和参股企业委派股东代表，推荐董事会、监事会成员和经理、财务负责人，以及其他重要人事任免事项。

3. 重大项目安排事项，是指对企业资产规模、资本结构、盈利能力以及生产装备、技术状况等产生重要影响的项目的设立和安排。主要包括年度投资计划，融资、担保项目，期权、期货等金融衍生业务，重要设备和技术引进，采购大宗物资和购买服务，重大工程建设项目，以及其他重大项目安排事项。

4. 大额度资金运作事项，是指超过由企业或者履行国有资产出资人职责的机构所规定的企业领导人员有权调动、使用的资金限额的资金调动和使用。主要包括年度预算内大额度资金调动和使用，超预算的资金调动和使用，对外大额捐赠、赞助，以及其他大额度资金运作事项。

（二）"三重一大"事项决策的基本程序

1."三重一大"事项提交会议集体决策前应当认真调查研究，经过必要的研究论证程序，充分吸收各方面意见。重大投资和工程建设项目，应当事先充分听取有关专家的意见。重要人事任免，应当事先征求国有企业和履行国有资产出资人职责机构的纪检监察机构的意见。研究决定企业改制以及经营管理方面的重大问题、涉及职工切身利益的重大事项、制定重要的规章制度，应当听取企业工会的意见，并通过职工代表大会或者其他形式听取职工群众的意见和建议。

2.决策事项应当提前告知所有参与决策人员，并为所有参与决策人员提供相关材料。必要时，可事先听取反馈意见。

3.党委（党组）、董事会、未设董事会的经理班子应当以会议的形式，对职责权限内的"三重一大"事项作出集体决策。不得以个别征求意见等方式作出决策。紧急情况下由个人或少数人临时决定的，应在事后及时向党委（党组）、董事会或未设董事会的经理班子报告；临时决定人应当对决策情况负责，党委（党组）、董事会或未设董事会的经理班子应当在事后按程序予以追认。经董事会授权，经理班子决策"三重一大"事项的，按照本意见执行。

4.决策会议应符合规定人数方可召开。与会人员要充分讨论并分别发表意见，主要负责人应当最后发表结论性意见。会议决定多个事项时，应逐项研究决定。若存在严重分歧，一般应当推迟作出决定。

5.会议决定的事项、过程、参与人及其意见、结论等内容，应当完整、详细记录并存档备查。

6.决策作出后，企业应当及时向履行国有资产出资人职责的机构报告有关决策情况；企业负责人应当按照分工组织实施，并明确落实部门和责任人。参与决策的个人对集体决策有不同意见的，可以保留或者向上级反映，但在没有作出新的决策前，不得擅自变更或者拒绝执行。如遇特殊情况需对决策内容作重大调整，应当重新按规定履行决策程序。

7.董事会、未设董事会的经理班子研究“三重一大”事项时，应事先与党委（党组）沟通，听取党委（党组）的意见。进入董事会、未设董事会的经理班子的党委（党组）成员，应当贯彻党组织的意见或决定。企业党组织要团结带领全体党员和广大职工群众，推动决策的实施，并对实施中发现的与党和国家方针政策、法律法规不符或脱离实际的情况及时提出意见，如得不到纠正，应当向上级反映。

8.建立“三重一大”事项决策的回避制度；建立对决策的考核评价和后评估制度，逐步健全决策失误纠错改正机制和责任追究制度。

（三）落实“三重一大”决策制度及实施决策前置研究

重大事项能否顺利落实，要看事前、事中、事后的把控。因此，在实践中应重点把握三个关键环节。一是研究讨论范围。虽然党领导一切，但是并不等于包办一切。党组织在公司中管的是大局而不是全局，不应干涉公司日常经营管理活动，更不能以党组织会议代替董事会、经理层的决策会议。因此在实践中，应结合企业实际完善议事规则和清单，把边界划分清晰，进而提升整个议事范围的可操作性和指导性。二是研究讨论程序。企业研究“三重一大”事项时，主要是确定决策议题，根据议题组织调查和论证，在会前要进行深入沟通、讨论，在正式作出决策之前，党组织也应深入调研，及时沟通，充分酝酿，通过党委会形成参与决策的意见和建议；决策时，通过进入企业经营班子的党委委员将党委集体意见和建议反映出来，确保党组织意志在最终决策中得到体现和落实；实施中，依靠高效的企业治理结构保证决策在企业生产经营活动中迅速得到部署和落实，及时开展舆论宣传。三是研究讨论结果。党组织在重大问题特别是重大经营管理事项上是参与决策，不是直接作出决策。党组织的研究讨论结果主要是给公司高层、企业管理者提供一些意见和建议，拟定企业规范标准，为企业决策提供正确的方向。党组织虽不能直接决定重大事项，但党组织在重大决策事项上具有否决权。

二、国有企业党内选举制度

国有企业党内选举制度，主要按照《中国共产党基层组织选举工作条例》和《中国共产党国有企业基层组织工作条例（试行）》相关规定执行。

（一）党的组织设置

国有企业党员人数100人以上的，设立党的基层委员会（以下简称党委）。党员人数不足100人、确因工作需要的，经上级党组织批准，也可以设立党委。党员人数50人以上、100人以下的，设立党的总支部委员会（以下简称党总支）。党员人数不足50人、确因工作需要的，经上级党组织批准，也可以设立党总支。正式党员3人以上的，成立党支部。正式党员7人以上的党支部，设立支部委员会。经党中央批准，中管企业一般设立党组，中管金融企业设立党组性质党委。

国有企业党委由党员大会或者党员代表大会选举产生，每届任期一般为5年。党总支和支部委员会由党员大会选举产生，每届任期一般为3年。任期届满应当按期进行换届选举。根据党组织隶属关系和干部管理权限，上级党组织一般应当提前6个月提醒做好换届准备工作。中央企业直属企业（单位）党组织换届选举工作，以中央企业党委（党组）为主指导，审批程序按照党内有关规定办理。中央企业及其直属企业（单位）召开党员代表大会，可以为党组织隶属地方党组织的下一级企业（单位）分配代表名额。

国有企业党委一般由5～9人组成，最多不超过11人，其中书记1人、副书记1～2人。设立常务委员会的，党委常务委员会委员一般5～7人，最多不超过9人，党委委员一般15～21人。党委委员一般应当有3年以上党龄，其中中央企业及其直属企业（单位）、省属国有企业的党委委员应当有5年以上党龄。国有企业党总支一般由5～7人组成，最多不超过9人；支部委员会由3～5人组成，一般不超过7人。正式党员不足7人的党支部，设1名书记，必要时可以设1名副书记。党支部（党总支）书记一般应当有1年以上党龄。

国有企业党组织书记、副书记以及设立常务委员会的党委常务委员会委员，一般由本级委员会全体会议选举产生。选举结果报上级党组织批准。中央企业党委（党组）认为有必要时，可以调动或者指派直属企业（单位）党组织负责人。国有企业党委设立纪律检查委员会或者纪律检查委员，党总支和支部委员会设立纪律检查委员。国有企业在推进混合所有制改革过程中，应当同步设置或者调整党的组织，理顺党组织隶属关系，同步选配好党组织负责人和党务工作人员，有效开展党的工作。为执行某项任务临时组建的工程项目、研发团队等机构，党员组织关系不转接的，经上级党组织批准，可以成立临时党组织。临时党组织领导班子成员由批准其成立的党组织指定。

（二）党组织换届选举

党代表大会制度是中国共产党的一项根本性的组织制度。党代表大会是党的各级组织，包括中央组织、地方各级组织和部分基层组织，讨论、决定党的重大问题和选举党的领导机关的会议。党章规定："党的最高领导机关，是党的全国代表大会和它所产生的中央委员会。党的地方各级领导机关，是党的地方各级代表大会和它们所产生的委员会。党的各级委员会向同级的代表大会负责并报告工作。"坚持和健全党的代表大会制度，对于加强党的建设，实现党的民主集中制，发扬党内民主，促使党内政治生活更加民主化、正常化，进一步提高党的战斗力，保证党的路线、方针、政策的贯彻执行，具有十分重要的意义。做好党组织换届选举工作是党的组织建设的内在要求。党章第三十一条规定，党的基层委员会、总支部委员会、支部委员会每届任期三年至五年。国有企业党组织在落实换届选举工作中，必须严格程序。

国有企业党委换届选举的主要工作流程：

1.会前筹备。一是召开党委会，讨论决定召开党员（代表）大会进行换届选举的有关事项。各单位党委任期届满应召开党委会，作出召开党员（代表）大会的决议，确定召开党员（代表）大会的时间和下一届委员会委员名额及选举形式。二是向上级党组织呈报召开党员代表大会进行换届选举的请示。三是上级党组织批准换届选举的请示后着手筹备工作，进行换届选举工作宣传，确定委员会委员名额，酝酿候选人，起草委员会工作报告，草拟选举办法。四是召开党员（代表）大会的各单位要组织推选代表建议名单，成立代表资格审查小组，负责对代表资格进行审查，提出大会主席团、秘书长建议名单并经过大会预备会议表决通过。五是向上级党组织报告党员代表大会筹备情况，各单位党委审议筹备工作后，应由党委负责同志及时向上级党组织进行汇报，并同时呈报书面报告，内容包括下届委员会委员、正副书记预备名单酝酿、产生和构成情况，起草工作报告情况，选举报告情况，候选人基本情况及会议日程等。六是根据工作需要，上级党组织的组织部门对候选人进行考察。七是会务准备，印制选票，准备投票箱。八是会场布置。

2. 召开党员（代表）大会程序。一是召开预备会议，主要内容包括：报告大会筹备情况，通过代表资格审查报告，通过大会主席团、秘书长名单，通过大会议程，宣布有关事项。二是宣布党员（代表）大会开幕，奏唱国歌。致开幕词。三是上级领导讲话。四是上届委员会作工作报告，报告后要组织党员讨论，听取党员的意见，接受党员的批评和建议。五是进行正式选举，选举采取无记名投票的方式，直接采用候选人多于应选人数的差额选举办法进行正式选举。

3. 选举大会后的工作。一是委员会委员进行分工。党员（代表）大会选出新的委员会后，应及时召开党委会，选举党委书记、副书记，并协商确定其他委员分工。二是报告上级党组织，要以书面的形式报告上级党组织审批，报告内容包括：召开党员代表大会的时间，实有党员数和到会党员数，选举方式，党员的委员名单和得票数情况，选出的党委书记、副书记和委员分工情况。三是接到上级党组织审批后，召开会议向党员宣布。

三、国有企业党委（党组）理论学习中心组学习制度

党委（党组）理论学习中心组学习是加强和改进国有企业党的建设的平台，通过强化理论武装，以切实增强国企领导班子成员驾驭全局和解决复杂问题的能力，更好发挥国企“顶梁柱”作用，确保全面建设社会主义现代化国家开好局、起好步。2017年3月30日，中共中央办公厅印发了《中国共产党党委（党组）理论学习中心组学习规则》，这是国有企业推进党委（党组）理论学习中心组学习的重要依据。

（一）党委（党组）理论学习中心组成员及领导机构

党委（党组）理论学习中心组主要由国有企业各级党委（党组）领导班子成员组成，可以根据学习需要适当吸收有关人员参加。各级党委（党组）对本级理论学习中心组学习负主体责任，对本单位的理论学习中心组学习负领导责任。党委（党组）书记是理论学习中心组学习第一责任人，书记不能参加学习时，委托主持党委（党组）日常工作的负责人代行职责。党委（党组）负责宣传思想工作的成员是理论学习中心组学习直接责任人，主要职责是配合党委（党组）书记做好学习的组织工作。党委（党组）其他成员应当积极参加学习，自觉遵守理论学习中心组学习制度，按照学习安排或者受委派承担相应职责。党委（党组）理论学习中心组应当配备学习秘书，由宣传部负责人牵头。

（二）党委（党组）理论学习中心组学习内容

主要内容包括：马克思列宁主义、毛泽东思想、邓小平理论、“三个代表”重要思想、科学发展观、习近平新时代中国特色社会主义思想等；党章党规党纪和党的基本知识；党的路线、方针、政策和决议；国家法律法规；社会主义核心价值观；党的历史、中国历史、世界历史和科学社会主义发展史；推进中国特色社会主义事业所需要的经济、政治、文化、社会、生态文明、科技、军事、外交、民族、宗教等方面知识；改革发展实践中的重点、难点问题；党中央和上级党组织要求学习的其他重要内容。

（三）党委（党组）理论学习中心组学习主要形式

国有企业各级党委（党组）理论学习中心组原则上每月组织一次学习，学习形式方面：一是集体学习研讨。各级党委（党组）理论学习中心组应当将集体学习研讨作为学习的主要形式，把重点发言和集体研讨、专题学习和系统学习结合起来，深入开展学习讨论和互动交流。理论学习中心组学习以中心组成员自己学、自己讲为主，适当组织专题讲座、辅导报告。二是个人自学。理论学习中心组成员应当根据形势任务的要求，结合工作需要和本人实际，明确学习重点，研读必要书目，下功夫刻苦学习。三是专题调研。理论学习中心组成员应当把理论学习与专题调研结合起来，深入基层、深入群众，扎实开展调查研究，深化理论学习。

理论学习中心组成员应当积极参加学习讲坛、读书会、报告会等学习活动，充分利用网络学习平台开展学习，拓宽学习渠道，提升学习效果。党委（党组）理论学习中心组应当结合本单位实际，创新学习方式，改进学习方法，增强学习的吸引力、针对性和实效性。

四、国有企业发展党员制度

党员是党的肌体的细胞和党的活动的主体，发展党员工作是党的建设一项经常性重要工作，是党的建设新的伟大工程的基础工程，是党员队伍建设的重要组成部分。做好发展党员工作，是保持党的先进性纯洁性、落实全面从严治党方针和凝聚中国力量实现第二个百年奋斗目标、实现中华民族伟大复兴的中国梦的现实需要。在建设中国特色社会主义事业中，不断涌现的认真贯彻执行党的基本路线、献身改革开放和现代化建设事业、诚心诚意为人民谋利益、带领群众为经济发展和社会进步作出实绩的先进分子，是党组织接收新党员的源泉。党组织只有经常不断地对这些先进分子进行教育和培养，在他们提出入党要求并且具备党员条件时，及时把他们吸收到党内来，才能不断壮大党员队伍，改善党员队伍结构，提高党员队伍素质，保持党员队伍生机活力，担负起新的历史使命。国有企业党组织要高度重视发展党员工作，把优秀同志吸收到党组织中来，更好发展壮大国有企业。

（一）国有企业发展党员标准

国有企业发展党员，必须按照《中国共产党发展党员工作细则》和《中国共产党章程》相关要求开展工作。

1.坚持条件标准

坚持发展党员工作贯彻党的基本理论、基本路线、基本纲领、基本经验、基本要求，按照“控制总量、优化结构、提高质量、发挥作用”的总要求，坚持党章规定的党员标准，始终把政治标准放在首位；坚持慎重发展、均衡发展，有领导、有计划地进行；坚持入党自愿原则和个别吸收原则，成熟一个，发展一个。年满18岁的中国工人、农民、军人、知识分子和其他社会阶层的先进分子，承认党的纲领和章程，愿意参加党的一个组织并在其中积极工作、执行党的决议和按期交纳党费的，可以申请加入中国共产党。中国共产党党员必须全心全意为人民服务，不惜牺牲个人的一切，为实现共产主义奋斗终身。中国共产党党员永远是劳动人民的普通一员。除了法律和政策规定范围内的个人利益和工作职权以外，所有共产党员都不得谋求任何私利和特权。

2.坚持工作标准

发展党员工作有明确的标准，有统一的指导文件和流程，国有企业基层党组织和党务干部一定要增强责任感，严肃工作纪律，做好贯彻执行。一要在各个环节把好“政治关”，确保每一名吸收入党的同志入党动机端正、对党忠诚，从源头上保持党员队伍的先进性和纯洁性。二要建立一定数量的优秀入党积极分子队伍，才能在评议研究党员发展对象、讨论接收新党员时有较充分的选择余地，才能切实保证新发展党员的质量。三要与时俱进落实发展党员工作新要求，坚持发展党员“双推双评三全程”和入党积极分子“两学三吸纳四必谈”，不断规范发展党员工作。

3. 坚持业务标准

坚持从国企发展党员的实际需要出发，让新发展的党员在企业发挥出应有的作用，积极发展业务能力突出、领导能力强的同志加入党组织。一是做好党员队伍现状分析，着重在产业工人中发展党员，建设工人阶级先锋队；持续关注并解决空白班组问题，做到党员和党组织全覆盖，在班组中起到引领示范作用，尤其是在新成立企业和班组中建好党员队伍，发挥党员和党组织作用，是落实好国企党建工作要求的基础。二要落实“双培养”工作机制，吸引经营管理骨干、技术能手、技术标兵等优秀人才入党，不断提高党员队伍的本领和质量，切实发挥党员带头作用。三要坚持“一名党员一面旗帜”，加强党员教育管理，让新发展的党员不断提高综合素养和能力，在职工群众中切实发挥先锋模范作用。

（二）国有企业发展党员的注意事项

1. 把发展党员工作列入重要议事日程，纳入党建工作责任制

发展党员工作是党的建设一项经常性重要工作。党在不同的历史时期，都根据自己任务的变化，对党员的数量、质量和结构分布等提出不同的要求，以适应革命、建设和改革事业不断发展的需要和党员队伍自身建设的需要。要经常地、有计划地把那些在社会主义现代化建设中涌现的先进分子及时吸收到党内来，不断补充新鲜血液，使我们党始终保持蓬勃的生机和活力，保证党的事业后继有人，实现历史赋予党的伟大使命。同时，发展党员是加强党与广大人民群众密切联系的途径之一。党同人民群众的联系是通过广大党员的桥梁作用、骨干作用和先锋模范作用来实现的。因此，按照党章规定的党员标准和入党程序，认真做好发展党员工

作，是国有企业各级党委的一项重要任务，必须将这项工作列入重要的议事日程。

发展党员工作是一项政策性很强的工作，也是国有企业各级党委抓基层党建工作的一项主要责任。把发展党员工作纳入党建工作责任制，作为党建工作述职、评议、考核和党务公开的重要内容，既是逐级明确责任，强化工作措施，整合各方面力量，切实加强发展党员工作领导和指导的需要，也是研究新情况、解决新问题，创新工作机制，改进工作方法，进一步推动发展党员工作制度化、规范化、科学化的需要。因此，各级党委及其组织部门要从战略和全局的高度，充分认识发展党员工作的重要意义，把发展党员工作纳入党建工作责任制，加强领导，落实责任，明确目标，务求实效，切实把发展党员工作抓紧、抓好。

2. 制订好发展党员工作计划

制订发展党员工作计划，要采取自下而上、上下结合的方法。自下而上，就是从党支部开始，结合本单位入党积极分子的数量和成熟程度，以及发展党员工作的力量等方面的情况，逐级提出发展党员工作初步计划。上下结合，就是国有企业党委在综合下面情况的基础上，根据需要和可能，研究提出本单位的发展党员工作指导性意见和年度计划。从实践来看，制订发展党员工作计划主要应注意以下几个问题：一是制订发展党员工作计划要从实际出发，实事求是，采取每年确定发展党员数量或增长比例的办法，不能主观确定数字或比例，盲目追求发展数量或减少发展数量。二是制订发展党员工作计划既要考虑国有企业组织机构发展和党员队伍建设的需要，又要考虑入党积极分子队伍的状况，改善党员队伍的分布和构成。三是制订发展党员工作计划不仅要从宏观上把握一定的发展数量、结构分布要求，还应当明确工作上的要求和措施，即发展以后用在什么岗位，发挥什么样的作用，充分体现党组织意图。四是发展党员工作计划提出的数量或比例可以根据工作需要和实际情况进行必要调整，调整前要报上级党委组织部门同意。发展数量的确定要充分考虑到入党积极分子的成熟情况。

3. 及时处理在发展党员工作中出现的违纪违规问题和不正之风

发展党员工作是一项严肃的政治工作。国有企业的各级党组织要严格按照党章和《中国共产党发展党员工作细则》的规定，坚决纠正、严肃查处发展党员工作中出现的违纪违规问题和不正之风。对不坚持标准、不履行程序、超过审批时限和培养考察失职、审查把关不严的党组织及其负责人、直接责任人进行批评教育，情节严重的给予纪律处分。典型案例应当及时通报，对违反规定吸收入党的，一律不予承认，并在支部大会上公布。对违反党章和其他党内法规的规定，采取弄虚作假或者其他手段把不符合党员条件的人发展为党员，或者为非党员出具党员身份证明的，对主要责任者，应给予警告或者严重警告处分；情节严重的，应给予撤销党内职务处分。对发展的党员不予承认，并向其所在支部全体党员公布。采用不正当手段发展党员，与本人没有直接关联，本人确实具备党员条件的，经听取党员和群众的意见以及支部大会讨论同意，可以重新办理入党手续。

五、国有企业党支部“三会一课”制度

“三会一课”是指：定期召开党支部党员大会、党支部委员会会议、党小组会，按时上好党课。“三会一课”制度是党支部应该长期坚持的重要制度，也是健全党的组织生活，严格党员管理，加强党员教育的重要制度。在新的历史条件下，加强党的自身建设，仍需重视和坚持这一行之有效的制度。国有企业各级党组织所属的党支部，必须认真坚持好“三会一

课”制度，对于加强国有企业基层单元、基层党支部建设，提高基层党组织的战斗力具有重要作用。

（一）“三会一课”的相关要求及主要内容

1.党支部党员大会

国有企业各级党组织的所有党支部都要定期召开党支部党员大会，一般每季度召开一次，会议以理论学习、通报上级党组织相关要求、部署本党支部相关内容以及日常党务工作为主。会议由党支部书记主持，书记不在时可以委托副书记主持。会议由全体党员参加，根据内容的需要，有时可吸收非党干部或入党积极分子列席参加。主要内容：传达学习党的路线、方针、政策和上级党组织的决议、指示，制定党支部贯彻落实的计划、措施。定期听取、讨论支部委员会的工作报告，对支部委员会的工作进行审查和监督。讨论发展新党员和接收预备党员转正，讨论决定对党员的表彰、组织处置和纪律处分。选举支部委员会成员和出席上级党代会的代表。讨论需由支部大会决定的其他重要事项。根据会议内容并做好会议记录，督促检查会议决议落实情况。

2.党支部委员会会议

党支部委员会会议一般每月召开一次，以理论学习、加强党支部建设、研究本党支部及上级党组织部署的相关内容为主，对党支部重要工作进行讨论、作出决定等。会议由全体支委会成员参加，由党支部书记主持，书记不在时可以委托副书记主持。党支部委员会决定重要事项时，到会支部委员必须超过半数以上，如遇重大问题要作出决定，到会的支部委员不超过半数时，必须提交党员大会讨论。相关会议形成的决议，应确定有关支委会成员负责检查落实，并向党支部书记报告执行情况。支委会的相关会议记录要完整准确，并存档备查。主要内容：研究贯彻执行上级党组织和支部党员大会的决议和意见；讨论通过年度支部工作计划和工作总结；开展批评和自我批评；开展民主评议党员活动；研究入党积极分子的培养教育及党员发展对象，评选优秀党员；讨论支部工作重要事项和工作措施。

3.党小组会

党小组会是各级党组织中最小单元的会议，以政治理论学习和落实上级及党支部相关会议要求为主要内容，谈心谈话、开展批评和自我批评等。每次会议有针对性、有重点性地解决一两个问题。党小组会议原则上每月召开一次，会议由小组全体党员参加，由党小组长主持。主要内容：组织党员学习党的路线、方针、政策，学习马克思列宁主义、毛泽东思想、邓小平理论、“三个代表”重要思想、科学发展观、习近平新时代中国特色社会主义思想，传达党内文件和党的决议；根据党支部的布置，讨论本小组的工作以及党员应该承担和完成的任务，研究贯彻执行决议的办法；安排小组生活会，检查执行支部党员大会决议的情况，组织党员开展批评和自我批评；讨论分析入党积极分子、发展对象和预备党员的思想、学习、工作状况，并向支部提出意见和建议；分析并反映群众的思想情况和意见，帮助群众办实事、办好事。

4.党课制度

党课，是中国共产党的组织对党员和入党积极分子进行教育而开的课。党课，是每一名共产党员的必修课，是严格党的组织生活制度的重要方面。国有企业党的各级组织，要积极通过党课定期向党员和入党积极分子宣传党的路线、方针、政策，进行党性、党纪和党的基本知识教育。

党课一般每季度安排1次。党委（党组）书记每年至少讲1次党课。党课每年不少于4次，由各支部负责组织实施。主要内容：针对党员思想和工作实际，回应普遍关心的问题；注重身边人讲身边事，增强吸引力和感染力；党员领导干部应当定期为基层党员讲党课。

（二）国有企业如何贯彻落实好“三会一课”制度

“三会一课”制度是健全党的组织生活，增强党员组织观念，加强党员教育管理，监督党员发挥先锋模范作用，加强基层党组织建设的重要制度。国有企业为落实好“三会一课”制度，应做到以下三点：一是统一思想认识。进一步加强组织领导，明确党支部书记是落实“三会一课”的第一责任人，要切实履行职责，督促完成各项有关工作，把“三会一课”制度落到实处。进一步发挥党支部战斗堡垒作用和党员先锋模范作用，国有企业党员必须充分认识“三会一课”制度的重要意义，自觉参加“三会一课”，接受党的管理和教育，努力提高自身素质。二是做好“三个结合”。如何联系好实际，抓住当前需要解决的主要问题和工作重点，把握人员的思想动态，有效地发挥“三会一课”制度在国有企业党的建设中的重要作用，使学习成果转化为推动企业高质量发展的实际成效，要注意与当前的政治局势相结合，提高政治站位，强化理论武装；与企业的生产经营相结合，引导党员干部牢记初心使命，立足本职作贡献；与党员群众的思想实际相结合，及时倾听党员群众的意见建议，帮助解决实际困难和问题，凝聚企业发展合力。三是创新方式方法。结合国有企业实际，不断丰富“三会一课”的学习形式，严肃认真、生动活泼地开展组织生活，强化学习成效。改变传统组织生活“学文件”“读报纸”等形式，让党员根据自己的工作实际参与学习讨论，提升学习效果。组织党员讲红色故事、诵红色家书、唱红色歌曲，提高党员的学习热情。组织开展研学、观摩等学习活动，把中国共产党人精神谱系学习好、传承好、实践好，不断聚集奋进力量。

六、国有企业民主生活会和组织生活会制度

《中国共产党章程》第一章第八条规定，每个党员，不论职务高低，都必须编入党的一个支部、小组或其他特定组织，参加党的组织生活，接受党内外群众的监督。党员领导干部还必须参加党委、党组的民主生活会。不允许有任何不参加党的组织生活、不接受党内外群众监督的特殊党员。《关于新形势下党内政治生活的若干准则》第九、第十部分明确要求，党的组织生活是党内政治生活的重要内容和载体，是党组织对党员进行教育管理监督的重要形式。必须坚持党的组织生活各项制度，创新方式方法，增强党的组织生活活力。全体党员、干部特别是高级干部必须增强党的意识，时刻牢记自己第一身份是党员。任何党员都不能游离于党的组织之外，更不能凌驾于党的组织之上。每个党员无论职务高低，都要参加党的组织生活。党组织要严格执行组织生活制度，确保党的组织生活经常、认真、严肃。坚持民主生活会和组织生活会制度。会前要广泛听取意见、深入谈心交心，会上要认真查摆问题、深刻剖析根源、明确整改方向，会后要逐一整改落实。上级党组织领导班子成员定期、随机参加下级党组织领导班子民主生活会和组织生活会，发现问题及时纠正。领导干部特别是高级干部必须带头从谏如流、敢于直言，以批评和自我批评的示范行动引导党员、干部打消自我批评怕丢面子、批评上级怕穿小鞋、批评同级怕伤和气、批评下级怕丢选票等思想顾虑。把发现和解决自身问题的能力作为考核评价领导班子的重要依据。《中国共产党国有企业基层组织工作条例（试行）》第五章第十九条规定，严肃党的组织生活，认真召开民主生活会和组织生活会，提高“三会一课”质量，落实谈心谈话、民主评议党员和主题党日等制度，增强党内政治生活的政治性、时代性、原则性、战斗性。

这些刚性制度都要求国有企业带头严肃党的组织生活，每年中央都会

根据当年的形势任务和党的建设需要，下发关于开好年度民主生活会的通知，对民主生活会的主题、要求、步骤等作出明确规定，国有企业要按照这些通知要求，结合企业实际，认真组织召开民主生活会，确保民主生活会紧扣时代主题，解决实际问题。

（一）国有企业党员领导干部民主生活会

民主生活会是党内政治生活的重要内容，是发扬党内民主、加强党内监督、依靠领导班子自身力量解决矛盾和问题的重要方式。坚持和完善民主生活会制度，对于新形势下加强和规范党内政治生活，增强党自我净化、自我完善、自我革新、自我提高能力，实现党的正确领导，维护党的团结和集中统一，引导党员领导干部牢固树立政治意识、大局意识、核心意识、看齐意识，自觉践行“三严三实”要求，始终做到忠诚干净担当，具有重要作用。根据中共中央2017年初印发的《县以上党和国家机关党员领导干部民主生活会若干规定》要求，民主生活会的参加人员限定为“县以上党和国家机关党员领导干部”，也就是指“县以上党的各级委员会、纪律检查委员会的常务委员会委员，工作委员会委员，党组（党委）成员，以及县以上党和国家机关各部门（含人民团体）的党员领导干部”。所以，国有企业党员领导干部民主生活会以各级领导班子成员或党（工）委委员为主。

国有企业党员领导干部民主生活会，一般每年召开一次，民主生活会到会人数必须达到应到会人数的2/3以上。领导班子遇到重要或者普遍性问题，出现重大决策失误或者对突发事件处置失当，经纪律检查、巡视和审计发现重要问题，以及发生违纪违法案件等情况的，应当专门召开民主生活会，及时剖析整改。

1. 民主生活会的主题

民主生活会应当确定主题，一般由上级党组织统一确定，或者由领导班子根据自身建设实际确定，并报上级党组织同意。就以下基本内容进行对照检查，开展批评和自我批评：遵守党章，坚定理想信念，贯彻党的理论路线和方针政策及决议，执行党的政治纪律和政治规矩，维护党中央权威的情况。加强领导班子自身建设，实行民主集中制，维护领导班子团结，严格党的组织生活制度，坚持正确用人导向，开展批评和自我批评的情况。正确行使权力，履职尽责、积极作为，坚持科学决策、民主决策、依法决策，反对特权、秉公用权的情况。带头践行社会主义核心价值观，艰苦奋斗，清正廉洁，遵纪守法，注重家庭、家教、家风，教育管理好亲属和身边工作人员的情况。执行党的群众路线，站稳人民立场，改进领导作风，深入调查研究，密切联系群众的情况。履行全面从严治党主体责任和监督责任，加强党风廉政建设和反腐败工作的情况。受到诫勉谈话的，应当说明整改情况。

2.民主生活会准备工作

召开民主生活会前应当制定会议方案，提前10日报上级党组织审核，并做好以下准备工作：一是领导班子成员认真学习党章党规和党的创新理论以及有关文件，提高思想认识，把握标准要求。二是由党委（党组）或者委托组织部门、机关党组织征求党员、干部和群众的意见建议，并如实向领导班子及其成员反馈。领导班子成员应当就反映本人的有关问题，向组织作出说明。三是领导班子成员之间互相谈心谈话，交流思想，交换意见，并与分管单位主要负责人谈心，也应当接受党员、干部约谈。四是撰写领导班子对照检查材料和个人发言提纲，查摆问题，进行党性分析，提出整改措施。个人发言提纲应当自己动手撰写，并按规定说明个人有关事项。

3.民主生活会会议程序

民主生活会由领导班子主要负责人主持，一般按以下程序进行：一是通报上一次民主生活会整改措施落实情况和本次民主生活会征求意见情况。二是主要负责人代表领导班子作对照检查。三是领导班子成员逐一进行对照检查，作自我批评，其他成员对其提出批评意见。四是主要负责人总结会议情况，提出整改工作要求。因故缺席的人员应当提交书面发言材料。会后，将会议情况和批评意见转告缺席人。

4.民主生活会后的相关工作

民主生活会应当切实解决问题，对检查和反映出来的问题，领导班子及其成员应当制定整改措施，确定整改目标和完成时限。对群众反映强烈的突出问题进行专项整治。需要上级党组织帮助解决的，应当及时向上级党组织报告。反映领导班子成员的违纪问题，由党的纪律检查机关处理。民主生活会结束后15日内，应当将会议情况报告和会议记录报上级党组织，报告的主要内容是征求意见的情况、开展批评和自我批评的情况、检查和反映出来的主要问题及整改措施。民主生活会召开情况应当向下级党组织或者本单位通报。对于群众普遍关心问题的整改措施，以适当方式公布。在民主生活会上提出的重要问题，党组织没有及时研究解决和向上级党组织报告的，应当追究主要负责人责任；造成严重后果的，依纪依规严肃处理。

（二）国有企业党支部组织生活会

组织生活会是党的组织生活的重要内容，是党内政治生活的重要载体，是党支部或党小组以开展批评和自我批评、交流思想、总结经验教训为中心内容的组织生活制度。一般以支委会的形式召开，也可以采取支部党员大会的形式，组织生活会的参加人员为党支部（党小组）的全体党员，既包括上级领导干部，也包括其他党员。支部人数较多且较为分散的企业党支部也可以通过党小组的形式召开。一般是每个季度或半年召开一次。

开好组织生活会，能有效加强党员党性锻炼，增强党的组织活力。按照党章规定，每个党员，不论职务高低，都必须编入党的一个支部、小组或其他特定组织，参加党的组织生活，接受党内外群众的监督。不允许有任何不参加党的组织生活、不接受党内外群众监督的特殊党员。党员领导干部除了参加民主生活会，还要参加所在党支部的组织生活会。

1.组织生活会的主要内容

国有企业党支部要定期召开组织生活会，检查支部党员在贯彻党的路线、方针、政策和上级党委的决议，贯彻民主集中制原则，坚持党性原则，密切联系群众，遵纪守法、廉洁自律等五个方面的情况和问题，以及上一次组织生活会提出的改进意见的落实情况。对党员来说，通过参加党的组织生活，可以接受党组织的教育，增强组织观念，提高思想觉悟和政治水平，可以在党组织和党内外群众的监督下，发扬优点，改正缺点，纠正错误。对党组织来说，通过严格落实组织生活制度，可以广泛吸收党员的正确意见和建议，加强和改进党的工作，更好地贯彻执行党的路线、方针、政策。可以了解党员的思想、工作、学习等情况，有针对性地对党员进行思想教育，监督党员履行党员义务、遵守纪律。可以通过讨论和开展正确的思想斗争，保证党在思想上、政治上的一致，巩固党的团结和统一，提高党的凝聚力和战斗力。组织生活会的总体要求是：组织生活会应当确定主题，会前认真学习，谈心谈话，听取意见；会上查摆问题，开展批评和自我批评，明确整改方向；会后制定整改措施，逐一整改落实。

2.组织生活会对照检查的主要内容

在组织生活会上，党员要结合企业特点和自身存在的主要问题，主要检查以下情况：学习马克思列宁主义、毛泽东思想、邓小平理论、“三个代表”重要思想、科学发展观、习近平新时代中国特色社会主义思想，不断进行思想修养和党性锻炼的情况；贯彻执行党的路线、方针、政策和上级党组织的决议情况；完成组织交给的任务、履行党员义务的情况；在关键时刻经受考验的情况；在平时工作、学习、生活中处理国家、集体、个人三者利益关系，服从党和人民利益、服从集体利益的情况；遵守党的纪律、遵纪守法的情况；深入实际、联系群众、服务群众、做群众工作的情况；艰苦奋斗、廉洁奉公、全心全意为人民服务的情况；贯彻中央八项规定精神、反对“四风”及廉洁自律情况；开展积极的思想斗争，自觉地同错误思想和行为作斗争的情况。

3.组织生活会的会议程序

组织生活会一般由企业各级党组织所属党支部书记（党小组长）主持，主持人首先要宣布党员到会情况和会议应着重解决的问题，然后组织引导党员开展批评和自我批评。组织生活会主要包括以下主要环节：一是对照检查。支部班子可梳理形成简要对照检查材料，班子成员可形成书面发言提纲。二是征求意见。通过个别谈话、集体座谈、上门走访和电话联系等多种方式，广泛征求党员和群众的意见。三是谈心谈话。党支部书记与支部委员、党员都要谈心，支部委员要相互谈心，党员彼此之间也要谈心。四是开展批评和自我批评。开展批评和自我批评都要坚持用事实说话，点到具体人具体事，是什么问题就摆什么问题，真正达到既红脸出汗、触动思想，又增进团结、促进工作的效果。五是认真整改。党支部要按照有什么问题就解决什么问题、什么问题突出就重点解决什么问题的原则抓好整改。

（三）国有企业党支部民主评议党员

民主评议党员制度是党支部的一项基本制度，是党支部按照有关规定，定期组织党员开展民主评议的一种制度。民主评议党员制度是新时期加强党的建设的一项重要制度，是通过制度建设加强对党员经常性教育、管理和监督的有效方法，是全面从严治党、提高党员素质的重要措施。目的是通过民主评议党员，促进党员增强党性，树立无产阶级世界观，全面提高党员队伍的整体素质，通过表彰优秀党员，清除腐败分子，妥善处置不合格党员，从而保持党组织的先进性；通过民主评议党员，还可以增强党的凝聚力和战斗力。

国有企业各级党组织所属党支部每年要结合组织生活会认真开展民主评议党员工作。党支部一般每年开展1次民主评议党员，时间一般安排在年末。主要内容是组织党员对照党章规定的党员标准、对照入党誓词、联系个人实际进行党性分析，对党性不强的党员，及时进行批评教育，限期改正，经教育仍无转变的，应劝其退党或除名。支部全体党员如果没有正当理由都必须自觉参加，党员领导干部应当以普通党员身份参加所在支部的民主评议。

1. 民主评议党员的主要内容

民主评议党员工作是党章规定的党员标准的具体体现，也是新形势下做一名合格共产党员的基本要求。应着重从以下五个方面对党员进行评议：一是是否具有坚定的共产主义信念，能否坚持四项基本原则，坚持改革开放，把实现现阶段的共同理想同脚踏实地地做好本职工作结合起来，同本企业工作结合起来，认真践行以人民为中心的发展理念，全心全意为人民服务。二是是否坚决贯彻执行党的路线和各项方针、政策，在政治上同党中央保持一致，强化创新理论武装，树牢“四个意识”，坚定“四个自信”，坚决做到“两个维护”，勇于担当作为，以求真务实作风坚决把党中央决策部署落到实处。三是是否站在时代改革的前列，维护改革的大局，正确处理国家、企业、个人利益之间的关系，做到个人利益服从党和人民的利益，局部利益服从整体利益。四是是否切实地执行党的决议，严守党章、党规、党纪，坚决做到令行禁止，履行党员义务，珍惜党员权利。五是是否密切联系群众、关心群众疾苦，艰苦奋斗、廉洁奉公，反对腐化奢侈、反对以权谋私；是否模范遵守一切规章制度，是否起到党员先锋模范作用。

2. 民主评议党员的基本方法

民主评议党员工作，要在上级党组织的指导下，以支部为单位有计划有步骤地进行。一是学习教育。要与形势教育结合起来，对党员普遍进行在新形势下坚持党员标准的教育。学习内容以党章、《关于新形势下党内政治生活的若干准则》和党中央有关文件为主。二是自我总结、自我评价。在学习讨论、提高认识的基础上，对照党员标准，围绕评议内容，认真总结个人一年来思想工作学习和作风情况，并在小组会上汇报。三是民主评议。一般是召开党小组会或党支部大会，进行民主评议。四是组织考察。支委会对党内外评议的意见，进行实事求是的分析、综合，形成组织意见，转告本人，并向支部大会报告。五是表彰和处理。对民主评议的好党员，党支部进行表彰；对评议中揭露的违法乱纪问题，要严肃查处；对经评议认为不合格的党员，要提出妥善的处理意见，并交支部大会表决。同时要做好思想工作，继续发挥他们的先锋模范作用。

3. 民主评议党员的注意事项

因特殊情况不能参加组织生活会的党员，本人应向所在支部履行请假手续；预备党员参加民主评议，但不评定等次；填写民主测评表时要注意，评价分“优秀”“合格”“基本合格”“不合格”，评定为“优秀”的党员比例一般不超过党员总数的1/3；流动党员可以在流入地党组织参加组织生活会和民主评议，对经党组织同意可以不转接党组织关系的党员，所在单位党组织可以将其纳入一个党支部或者党小组，参加组织生活。

对于党员大会上党组织班子和党员个人查出的问题，党组织半年内要向党员群众通报班子整改情况，党员每季度要在党支部大会或党小组会上报告兑现承诺情况。对于民主测评后的结果，党组织要认真进行组织评定，防止简单以测评表结果决定党员等次，要根据日常表现、群众意见等各方面因素，客观公正作出评价。对于评议出的优秀党员，支部可以用口头或书面的形式进行表扬，对模范作用不突出的基本合格党员，要进行帮助教育，对不合格党员，经支部党员大会讨论后进行组织处置。

七、国有企业党务公开制度

推进党务公开对于发展党内民主，加强党内监督，调动党员积极性、主动性、创造性，对于推进民主政治建设，增强凝聚力，更好贯彻落实党的理论和路线方针政策具有重要意义。国有企业关于党的建设、全面从严治党主体责任落实、思想政治建设、党风廉政建设等内容都要接受党内监督，必须带头贯彻好《中国共产党党务公开条例（试行）》相关要求，执行好企业党务公开制度。

（一）以党务公开推动国有企业全面从严治党

国有企业是扩大党内基层民主，推进党务公开，畅通党员参与党内事务、监督党的组织和干部、向上级党组织提出意见和建议的渠道。习近平总书记强调，要加强对权力运行的制约和监督，让人民监督权力，让权力在阳光下运行。2017年11月审议通过的《中国共产党党务公开条例（试行）》（以下简称《条例》），是中央首次以党内法规形式对党务公开作出规定。国有企业要认真抓好学习培训、宣传解读，认真贯彻落实《条例》，把坚持和完善党的领导要求贯穿到党务公开全过程和各方面，平稳有序、扎实有效推进各层级各领域党务公开工作，从而充分调动企业党员干部以及全体员工的积极性、主动性、创造性，不断增强企业的自我完善与自我革新能力。

1. 推进党务公开是加强党的政治建设的重要举措

党的政治建设是党的根本性建设，决定党的建设方向和效果。党务公开的目的，是“推动全面从严治党向纵深发展”；党务公开的原则，首要是“坚持正确方向”，树牢“四个意识”，坚定“四个自信”，做到“两个维护”，把党务公开放到新时代中国特色社会主义的伟大实践中来谋划和推进，把坚持和完善党的领导要求贯彻到党务公开的全过程和各个方面。推进党务公开，可以确保国有企业各级党的组织在推进“四个伟大”的宏伟实践中把准政治方向，坚持党的政治领导，加强党的政治建设，推动全面从严治党不断走向深入。

2. 推进党务公开是强化党内民主监督的重要载体

加强党内民主监督是推动全面从严治党向纵深发展的必然要求。全面从严治党永远在路上，必须将权力关进制度的笼子，加强对权力的约束和监督，保证权力公开透明运行。而推进国有企业党务公开，扩大了国有企业党员的知情权、参与权和监督权，也拓宽了党内监督的主体、形式和渠道，加大了党内监督的力度。让人民监督权力，让权力在阳光下运行。“阳光是最好的防腐剂”，公开可以有效减少或防止腐败现象的发生，推动全面从严治党向纵深发展。

3. 推进党务公开是严肃党内政治生活的重要方式

发扬党内民主和保障党员权利，是严肃党内政治生活的重要内容。推进党务公开，实质就是充分尊重党员主体地位，保障党员民主权利，落实党员的知情权、参与权、表达权、监督权，保障全体党员平等享有党章规定的党员权利，履行党章规定的党员义务。通过党务公开这种形式，建立健全党内决策论证评估、征求意见、情况通报和情况反映等制度，畅通党员参与讨论党内事务的途径，拓宽党员表达意见的渠道，增强党内政治生活的透明度。同时，公开权力运行过程和结果，实现对权力运行的制约和监督，从而严肃党的政治纪律和政治规矩，净化党内政治生态，加强和规范党内政治生活。

4.推进党务公开是增强党员干部政治担当的重要途径

全面从严治党务必从严治吏，从严治吏关键要强化党员干部政治担当，勇于作为。实现新时代历史使命，增强党员干部的政治担当尤为重要。党务公开能够确保各级各类党组织和广大党员干部在工作中始终坚持正确的政治方向，遇到困难始终坚持真抓实干，敢于斗争，具有积极的政治作为。因此，推进党务公开已成为增强党员干部政治担当的重要途径。

5.推进党务公开是筑牢党的战斗堡垒的重要手段

基层党组织是党的战斗堡垒，是党的全部工作和战斗力的基础。中国共产党的力量来自各级各类党组织尤其是基层党组织，推进党务公开，尤其是基层党务公开，有利于党员主体地位的发挥，有利于增强党的基层组织的创造力、凝聚力和战斗力，有利于提升党的形象和公信力，有利于实践党的宗旨、密切党群干群关系、促进基层改革发展稳定，直接关系到基层党组织战斗堡垒作用的发挥。因此必须按照党务与党员和群众的关联程度，合理确定公开范围，做好抓基层、打基础工作，不断夯实党的执政基础。

（二）国有企业党务公开主要内容和范围

《条例》第十一条规定，党的基层组织应当公开以下内容：学习贯彻党中央和上级组织决策部署，坚决维护以习近平同志为核心的党中央权威和集中统一领导情况；任期工作目标、阶段性工作部署、重点工作任务及落实情况；加强思想政治工作、开展党内学习教育、组织党员教育培训、执行“三会一课”制度等情况；换届选举、党组织设立、发展党员、民主评议、召开组织生活会、保障党员权利、党费收缴使用管理以及党组织自身建设等情况；防止和纠正“四风”现象，联系服务党员和群众情况；落实管党治党政治责任，加强党风廉政建设，对党员作出组织处理和纪律处分情况；其他应当公开的党务。国有企业党组织应当结合企业实际制定党务公开细则，明确公开内容、公开形式、公开事项审批流程、公开时限、意见收集及处理等内容。结合《条例》规定，国有企业相关党务公开内容主要包括：一是党组织决议、决定及执行情况。企业党组织执行中央和上级党组织重大决策部署，上级党组织决议、决定和工作部署等情况；党组织讨论决定的可以公开的重要事项；党组织制发的可以公开的重要文件；本企业重要决策及执行，任期发展目标、阶段性工作部署、工作任务及落实等情况；涉及群众切身利益的重大决策、重大事项及其贯彻落实情况。二是党的思想建设情况。本级党组织思想政治工作、理论学习计划及落实情况；党员干部教育培训计划及落实情况；年度党建主题活动安排及实施情况；群众性精神文明创建活动实施情况；党组织生活会召开情况及问题整改落实情况。三是党的组织管理情况。本级党组织的设置、主要职责、机构调整、换届选举，党员发展、民主评议、创先争优、表彰奖励，党费收缴、管理和使用，党务工作经费管理和使用，党员权益保障等情况。四是制度建设及落实情况。党内制度规定的各项办事程序和工作要求；党的组织议事规则及执行情况；党内民主决策、民主选举、民主管理和民主监督的相关规定及落实情况；党员旁听党委（党组）会议制度落实情况；党建工作责任制落实情况等。五是领导班子建设情况。领导班子职责分工、议事规则和决策程序，执行民主集中制，召开民主生活会及问题整改落实，年度考核评价等情况。六是干部选任和管理情况。干部选拔任用、轮岗交流、竞争上岗、干部考录、考核奖惩，干部监督制度及执行等情况。七是联系和服务党员、群众情况。党员、群众普遍关心的热点、难点问题的处理情况；群众对党员、干部提出的意见、建议整改落实情况；

听取、反映和采纳党员、群众意见和建议，帮助党员、群众解决生产生活实际困难，接待来信来访、排查化解矛盾纠纷，办理涉及党员、群众切身利益的重要事项等情况。八是党风廉政建设情况。贯彻《国有企业领导人员廉洁从业若干规定》、执行廉洁自律规定、落实党内监督制度、推进党风廉政“三化”建设、加快惩治和预防腐败体系建设、落实党风廉政建设责任制情况；开展廉政风险防控管理的情况；企业领导班子及人员述职述廉和民主测评情况；企业领导人员任期经济责任审计和离任审计情况；党员、管理人员违纪违法案件查处情况。九是其他事项。上级党组织要求公开的其他事项；企业党组织根据实际情况和党员的要求，认为有必要公开的其他事项。

国有企业的党务在本单位范围内公开，涉及党的建设重大问题或者党员义务权利，需要全体党员普遍知悉和遵守执行的党务，在企业内部适当平台公开。在党内公开的，一般采取召开会议、制发文件、编发简报、在局域网发布等方式。向社会公开的，一般采取发布公报、召开新闻发布会、接受采访，在报刊、广播、电视、互联网发布等方式，优先使用党报党刊、电台电视台、重点新闻网站等党的媒体进行发布。

国有企业各级党组织应当将党务公开工作情况纳入向上一级组织报告工作或者抓党建工作专题报告的重要内容。各级党组织应当将党务公开工作情况作为履行全面从严治党政治责任的重要内容，对下级党组织及其主要负责人进行考核。国有企业各级党组织应当每年向有关党员和群众通报党务公开情况，并纳入党员民主评议范围，主动听取群众意见。各级党组织应当自上而下建立健全党务公开工作督查机制，开展经常性检查和专项督查，专项督查可以与党风廉政建设责任制检查考核、党建工作考核等相结合，督查情况应当在适当范围通报。

八、国有企业的企业文化建设制度

党的二十大报告提出，“推进文化自信自强，铸就社会主义文化新辉煌”，这为新时代新征程上社会主义文化强国建设进一步指明了前进方向。党的二十届三中全会审议通过的《中共中央关于进一步全面深化改革 推进中国式现代化的决定》，聚焦建设社会主义文化强国，对深化文化体制机制改革作出部署，提出“必须增强文化自信，发展社会主义先进文化，弘扬革命文化，传承中华优秀传统文化”。国有企业是中国特色社会主义的重要物质基础和政治基础，是我们党执政兴国的重要支柱和依靠力量，也肩负着建设中国特色社会主义先进文化的重要使命。进入新时代，如何按照“五位一体”总体布局和“四个全面”战略布局要求，切实加强国有企业文化建设，成为摆在我们面前的重要现实课题。抓好企业文化建设是旗帜鲜明讲政治的必然要求。旗帜决定方向，企业文化建设归根结底就是始终坚定不移在思想上政治上行动上同以习近平同志为核心的党中央保持高度一致，推进国有企业广大职工在衷心拥护“两个确立”、忠诚践行“两个维护”，坚定“四个自信”上当先锋、作示范，深入践行习近平文化思想。抓好企业文化建设是新时代赋予国有企业新的历史使命。推进企业文化建设就是要发挥好先进文化的思想引领和行动引领作用，回答好企业使命、核心价值观是什么，战略愿景目标是什么，行为规范和人生追求是什么等根本问题，聚焦产品卓越、品牌卓著、创新领先等，推进一流企业建设。抓好企业文化建设是面对激烈市场竞争的主动选择。企业文化是企业改革发展的先导，企业精神是企业文化的核心组成部分，发挥好企业文化导向、规范、凝聚、激励、创新和辐射作用。通过“先锋”理念为企业发展提供不断前进的力量，开辟发展新领域新赛道、塑造发展新动能新优势，推进国有资产保值增值，勇当高质量发展排头兵。

（一）国有企业要不断增强文化自觉

文化自觉，是一个民族对自身文化的深刻认知和认同，建立在对“根”的找寻与继承上，也建立在对传统文化价值的继承与发展之上。立足国有企业定位使命，国有企业要不断增强文化自觉，深刻把握党和国家对文化建设的新要求。一是要深刻把握新时代党和国家对文化建设的新要求。习近平总书记指出，要不断提升国家文化软实力和中华文化影响力，为全面建设社会主义现代化国家、全面推进中华民族伟大复兴提供坚强思想保证、强大精神力量、有利文化条件。文化建设是“五位一体”总体布局的重要组成部分，与经济建设、政治建设、社会建设、生态文明建设相辅相成，共同支撑我国社会主义现代化战略目标的实现，合力推进中华民族的伟大复兴。国有企业关系到国民经济命脉和国家安全，尤其在重要行业和关键领域占支配地位的国有骨干企业，肩负着弘扬民族精神、促进经济发展、推动社会进步的重任，需要以优秀企业文化赋能企业高质量发展。二是要深刻把握国有企业肩负的文化建设重大责任。国有企业不仅要为社会发展提供物质财富，而且要以高度的文化自觉，主动承担起推动文化繁荣发展的历史责任，创造丰富的精神文化。一方面，国有企业作为工人群众最广泛的组织，是党执政重要的阶级基础和群众基础，同时，国有企业作为关系国家安全和国民经济命脉的主要行业和关键领域，必须自觉地承担起用中国特色社会主义先进文化引领高质量发展的使命责任。另一方面，国有企业要把握运用“第二个结合”工作要求，自觉承担起传承和弘扬中华优秀传统文化、党的红色文化的责任。筑牢坚持党的领导、加强党的建设这个“根”和“魂”，传承中华民族的文化基因和精神血脉，用中华优秀传统文化、党的红色文化的精髓涵养企业精神、建设企业精神家园，推动企业文化繁荣发展。三是要深刻把握企业文化内涵。没有强大的企业文化，再高明的经营战略也无法成功。优秀的企业文化一旦同卓越的企业家、科学的管理相结合，并被广大职工所认同和接受，不仅能成为企业无形的精神支柱，形成强大的活力和动力，而且将产生巨大的物质力量，促进企业生产经营发展，提高企业的经济效益和社会效益。国有企业文化建设是一种管理模式，从企业文化的视角来看，既是管理的工具和手段，更能提升员工价值、促进员工全面发展。因此，国有企业文化建设作为一种现代管理模式，不仅能促进国有企业战略目标的实现，而且能在更高层次、在充分尊重职工尊严和权利的基础上，把职工内心的精神力量激发出来，增强企业的凝聚力和向心力，提升企业的社会形象和核心竞争力。四是要深刻把握企业文化实践逻辑。党的二十届三中全会强调，在文化体制改革方面，要着眼于推进物质文明和精神文明相协调的现代化，提出改进创新文明培育、文明实践、文明创建的工作机制。企业作为市场竞争的主体，追求利润最大化是本质属性。而企业文化则是保证企业“两个文明”协调发展、促进企业持续健康稳定发展的重要载体。企业文化建设分三个层次，即表层企业文化、浅层企业文化和深层企业文化。具体来讲，表层企业文化是指企业的直观表象，如厂区环境、职工着装等方面；浅层企业文化是企业价值观念和企业宗旨，如制度建设、发展规划等方面；深层企业文化则是指企业员工对企业战略目标的认知和默契，即企业员工紧紧围绕“理念—机制—制度—习惯—形成文化”这一条主线，将文化转化为行动、行动变为习惯，达到日用而不觉，习惯成自然。管理机制和企业文化之间是一个先、一个后的关系，有什么样的机制就会形成什么样的文化，机制对文化起到非常重要的作用。企业要把工作重点放在管理机制的创建和形成上，放在机制能够有效地运作上。通过这些机制的长期运作，沉淀、提炼和形成自己的企业文化。最终，文化自觉体现在对制度的尊重上，制度不合理，可以通过民主的方式去变革完善；制度形成了，就必须按照制度执行，做到凡事有章可循、有法可依，用制度机制将文化固化、落地。

（二）国有企业要不断深化企业文化建设

国有企业应构建以理念文化、制度文化、行为文化为核心的先行体系，形成全员共建共享的价值理念，增强企业文化自信，引领企业朝着正确的方向发展，引领员工找准、实现个人价值，不断提升企业形象、凝聚力、影响力和战斗力。一是要以人为本，全员参与。要牢固树立以人为本的思想，坚持全心全意依靠职工群众办企业的方针，尊重劳动、尊重知识、尊重人才、尊重创造，用美好的愿景鼓舞人，用宏伟的事业凝聚人，用科学的机制激励人，用优美的环境熏陶人。搭建员工发展平台，提供员工发展机会，开发人力资源，挖掘员工潜能，增强员工的主人翁意识和社会责任感，激发员工的积极性、创造性和团队精神，达到员工价值体现与企业蓬勃发展的有机统一。坚持为增强综合国力作贡献，为社会提供优质商品和优良服务，妥善处理各方面的利益关系，实现报效祖国、服务社会、以人为本的和谐一致。在企业文化建设过程中，要坚持把领导者的主导作用与全体员工的主体作用紧密结合。尊重群众的首创精神，在统一领导下，有步骤地发动员工广泛参与，从基层文化抓起，集思广益，群策群力，全员共建，努力使广大员工在主动参与中了解企业文化建设的内容，认同企业的核心理念，形成上下同心、共谋发展的良好氛围。二是要务求实效，促进发展。在企业文化建设中，要求真务实、重实际、办实事、求实效，反对形式主义，避免急功近利，使企业文化建设经得起历史和实践的检验。要立足企业实际，符合企业定位，将企业文化建设与生产经营管理紧密结合，企业文化的创新与企业改革的深化紧密结合，按照系统、科学、实用的要求，创建特色鲜明的企业文化体系。要坚持把发展作为第一要务，牢固树立抓住机遇、加快发展的战略思想，围绕中心、服务大局，开拓发展思路，丰富发展内涵。三是要重在建设，突出特色。要制定切实可行的企业文化建设方案，借助必要的载体和抓手，系统思考，重点突破，着力抓好企业文化观念、制度和物质三个层面的建设。要把学习、改革、创新作为企业的核心理念，大力营造全员学习、终身学习的浓厚氛围，积极创建学习型企业、学习型团队。围绕企业深化改革的重点和难点，鼓励大胆探索、勇于实践，坚决破除一切妨碍企业发展的观念和体制机制弊端，增强企业活力，提高基层实力。注重把文化理念融入具体的规章制度中，渗透到相关管理环节，建立科学、规范的内部管理体系。并采取相应的奖惩措施，在激励约束中实现价值导向，引导和规范员工行为。要从企业特定的外部环境和内部条件出发，把共性和个性、一般和个别有机地结合起来，总结本企业的优良传统和经营风格，在企业精神提炼、理念概括、实践方式上体现出鲜明的特色，形成既具有时代特征又独具魅力的企业文化。四是要继承创新，博采众长。注意继承发扬中华民族的优秀传统文化，挖掘整理本企业长期形成的宝贵的文化资源，并适应社会主义市场经济的需要，用发展的观点和创新的思维对原有的企业精神、经营理念进行整合和提炼，赋予新的时代内涵，在继承中创新、在弘扬中升华。要将弘扬中华优秀传统文化与借鉴国外先进文化相结合，一方面从当代中国国情和国有企业实际出发，正确制定和调整企业文化战略，充分体现民族精神、优秀传统文化的精髓和国有企业的特点，有效抵御外来文化的消极影响，避免照抄照搬；另一方面要紧紧把握先进文化的前进方向，以开放、学习、兼容、整合的态度，坚持以我为主、博采众长、融合创新、自成一家的方针，广泛借鉴国外先进企业的优秀文化成果，大胆吸取世界新文化、新思想、新观念中的先进内容，取其精华，去其糟粕，扬长避短，为我所用。在开展国际合作业务的过程中，要注意学习和借鉴合作方的先进文化，尊重文化差异，增进文化沟通，注重取长补短，促进共同发展。五是要深度融合，优势互补。企业文化既来源于企业实践又服务于企业实践，使企业的经营管理活动更富思想性和人性化，更具时代特色和人文精神。要强化企业文化建设在企业经营管理中的地位，发挥企业文化的作用，促进企业文化与企业战略、市场营销和人力资源管理等经营管理工作的深度融合，把全体员工认同的文化理念用制度规定下来，渗透到企业经营管理的全过程。在管理方法上要注意强调民主管理、自主管理和人本管理，在管理方式上要使员工既有价值观的导向，又有制度化的约束，制度标准与价值准则协调同步，激励约束与文化导向优势互补，通过加强企业文化建设，不断提高经营管理水平。

（三）国有企业加强企业文化建设的注意事项

企业文化建设是一项打基础、利长远的系统工程，需要做到薪火相传、与时俱进、推陈出新，坚持发展思维，围绕企业各项事业高质量发展建设好企业文化，让每一名员工都成为企业文化的培树者、引领者和传播者。一是要坚持党建引领，明确企业文化建设方向。当前，国有企业将党建工作视为首要任务，并将企业文化纳入党建工作体系之中。企业文化体系架构涵盖了党建引领、文化定位、使命、愿景、价值观、应用理念以及行为准则等多个方面。通过党的建设的全方位引领，发挥企业文化与改革发展战略的协同效应，从而塑造一流的文化品牌，推动企业的持续健康发展。二是要强化保障措施，构建企业文化建设长效机制。企业文化作为单位文化体系的核心，需要有计划、有步骤地推进其建设工作。这一工作应与实现高质量发展的关键目标和工作重心紧密结合，既要关注企业文化建设的短期目标，也要注重长远规划。通过“理念制度化、培训持续化、过程监测化、沟通机制化”等形式，确保企业文化工作落到实处。将企业文化融入体制机制完善、人才队伍建设等全过程和各个环节，逐步探索并建立和完善企业文化建设考核评价机制，使企业文化理念变成全员认可尊崇的共同价值准则和行为准则，凝聚全员发展共识，汇聚发展合力。三是要强化举措，加大企业文化宣传力度。坚持以上率下，充分发挥企业文化“代言人”作用，领导干部以身作则，带头学习、宣贯企业文化，不断丰富活动载体。通过身边的故事，把企业文化讲深讲透，营造强有力的文化磁场，推动文化强企战略实施。同时注重企业文化阵地建设，用活用好企业文化展厅、微信公众号、文化走廊等载体，强化舆论引导，推动企业文化体系在更大范围内发挥效应，提升文化软实力。四是要守正创新，确保企业文化落地落实。推进企业文化与党建工作、业务工作“同谋划、同部署、同落实、同考核”，制定相应的考核激励机制，构建企业文化建设计划、实施、评估、改进闭环管理体系；国有企业结合功能定位，因地制宜将理念文化渗透到各个工作流程，形成科学的管理文化、制度文化，建设具有各自特色、富有个性的子文化。同时强化资金保障，不断深化对企业文化的认识，适时推进企业文化建设迭代升级。

第三章

新时代国有企业党建工作流程

03
CHAPTER

党建工作是党保持先进性和纯洁性的重要保障。随着时代发展，传统的党建管理模式已难以适应新形势的要求。流程化管理、思维导图等管理理念，将其引入党建工作，对提升党建科学化水平、增强党组织凝聚力和战斗力具有重要意义。国有企业各级党组织要努力结合党建工作需要，通过流程化、思维导图等，不断推进党建工作程序的规范、有序、清晰。以下，笔者重点从十个方面梳理常用的党建工作流程，供大家参考。

一、党支部组建流程

党组织成立一般包括两种情况：一种是新组建的单位在组建中应当同步建立党组织；另一种是改制、调整的单位在改制、调整中应当同步考虑党组织的设置。

1.请示。向上级党组织请示建立党支部和设立党支部委员会。请示内容主要包括：建制单位的工作性质、人员数量等简要情况；现有正式党员、预备党员的数量，建立党支部的依据和理由；所建党支部的性质；党支部委员会组成人数和委员设置方案，酝酿候选人的方法及选举办法等。

2.上级党组织批准建立党支部以后，应召开支部党员大会，以无记名方式差额选举产生支部委员会。

新组建的单位，党支部委员会可以直接选举产生，也可以由上级党组织先任命党组织负责人，工作一段时间后，再召开党员大会或者党员代表大会选举产生新的委员会，但时间不得超过1年。

改制、调整的单位，可以由上级党组织先办理组织更名或者调整手续，条件成熟后，应当在半年内召开党员大会或者党员代表大会选举产生新的委员会。

3. 召开党支部委员会，等额提名或直接选举产生党支部书记、副书记，并对委员进行分工。

4. 向上级党组织报告选举结果。报告的主要内容是支部党员大会进行选举的简要情况，包括时间、出席大会的党员情况、候选人名额与应选人名额差额情况、选举结果等；党支部委员会选举书记、副书记的情况以及党支部委员的分工情况等。

5. 上级批复。经批复后，党支部委员会开始履行工作职责。

二、党支部换届流程

1. 召开支部委员会会议研究换届选举事宜。党支部委员会任期届满前，召开支部委员会会议，研究召开党员大会进行换届选举的有关事宜，包括大会召开时间、指导思想、主要议程、下届支部委员会组成人员名额及选举办法等，并作出召开党员大会进行换届选举的决定。

不设委员会的党支部召开党员大会研究选举相关事宜。

2. 向上级党组织提出召开党员大会进行换届的请示。以书面形式向上级党组织提出召开党员大会进行换届选举的请示，主要内容包括大会召开的时间、指导思想和主要议程；下届党支部委员会组成人员的名额及选举办法。

3. 召开支部委员会会议研究党员大会筹备事宜。换届选举请示经上级党组织批准后，召开支部委员会会议，研究召开党员大会筹备事宜，主要包括起草支部委员会的工作报告和选举办法，进行选举工作的宣传教育，组织酝酿推荐下届委员会委员、书记、副书记候选人初步人选（其中委员差额比例不少于20%）。支部委员会成员对各项筹备工作分工负责。

4. 对候选人初步人选进行考察，书记、副书记候选人初步人选报上级党组织进行考察，根据考察结果确定候选人预备人选，报上级党组织审查同意。新一届委员会的委员和书记、副书记候选人预备人选，一般于召开党员大会或者党员代表大会1个月前，报有审批权限的上级党组织审批。

5.支委会将候选人预备人选名单提请党员大会酝酿讨论，并根据多数党员的意见确定候选人，提交党员大会进行选举。做好会议材料和会务准备工作，及时向上级党组织汇报。上级党组织同意后，要按照批准的时间如期召开大会进行换届选举。

6.大会主持人向全体党员报告党员出席情况，宣布党员大会开始。选举大会由上届党支部委员会主持。

不设委员会的党支部进行选举，由上届支部书记主持。

7.上届支部委员会负责同志作工作报告。

8.选举新一届委员会委员。

清点人数，确认选举资格。主持人在宣布开会前，首先清点到会党员人数。清点结束后，要向全体党员报告结果，说明本支部党员总数，其中有选举权和被选举权的党员数；实到会党员数，其中有选举权和被选举权的党员数。有选举权的实到会党员人数不少于应到会党员人数的4/5，会议有效。

通过选举办法并确定监票、计票等工作人员。党支部委员会拟定的选举办法在报经上级党组织原则同意后，在支部党员大会正式投票选举之前，要提请党员审议，然后以举手表决的方式通过。大会的监票、计票等选举工作人员，可以由党员提名，也可以由党支部委员会提出建议名单。本届党支部委员会成员和下届党支部委员会候选人，都不宜担任选举工作人员。监票人负责对选举的全过程进行监督。计票人在监票人监督下进行工作。

公布候选人名单，介绍候选人情况。正式选举前，党支部委员会要向支部党员大会公布候选人名单，并如实地介绍候选人名单的推荐过程和每位候选人的工作简历、工作实绩和主要优缺点，帮助党员比较全面地了解候选人的情况。

分发和填写选票。计票人在监票人的监督下，准确地核对参加选举人数和选票数，两者应相符，然后将选票分发给到会有选举权的党员。选票分发完毕，由监票人向党员说明填写注意事项和要求，然后由党员填写选票。

投票和开票。投票前，票箱要当众由选举工作人员检查，确认无误后当众封箱。投票顺序是先由选举工作人员投票，然后党员逐个投票。投票结束后，监票人当众打开票箱，清点收回的选票数。

如果收回的选票等于或少于发出的选票，则选举有效；如果收回的选票多于发出的选票则选举无效。每一选票所选人数，等于或者少于规定应选人数的为有效票，多于规定应选人数的为无效票。选票的票面除规定的项目外，不得编号或者作任何记号，否则应当视为无效票。

计票确定当选人。计票即通过唱票和计票，将候选人得票数和另选人得票数全部记录，统计每个人的得票数量，按规定确定当选人。一是被选举人获得的赞成票超过应到会有选举权人数的半数，才能当选。二是当选人多于应选名额时，得票多的当选。三是被选举人获得赞成票过半数的人数少于应选名额时，只需补选缺额，不必全部另选。对缺额的补选，可在得票低于半数的候选人中进行差额选举。如果接近应选名额，也可征求党员同意后减少名额，不再进行选举。四是如遇票数相等不能确定当选人时，应就票数相等的被选人重新投票，得票多者当选。五是非候选人得票超过半数，按得票多少的顺序又在应选人数范围之内的，应为有效，并予当选。六是被选举人得票数刚刚达到半数未超过半数的，不能当选。七是选票涂改、撕损无法确认被选人时，按废票处理。

宣布选举结果，封存选票。计票结束后，监票人要对计票的结果签字并当众公布候选人得票情况，宣布当选人名单。对选票进行归档保存。

9. 召开新一届党支部委员会第一次会议。选举大会结束后，应及时召开党支部委员会第一次会议。会议由上一届党支部委员会推荐1名新当选的委员主持。会议的主要内容是根据上级党组织审查同意的支部书记、副书记候选人名单等额选举产生党支部书记、副书记，以及研究支部委员的分工。

不设委员会的党支部书记、副书记的产生，由全体党员进行等额选举。

10. 向上级党组织报告选举结果。党支部委员会应将选举大会情况和党支部委员会成员分工情况书面报告上级党组织。选出的委员，报上级党组织备案；书记（副书记）报上级党组织批准。

11. 支部委员会开始履职。上级党组织下发批复后，党支部委员会开始正式履职，同时应及时向全体党员公布新一届支部委员会组成情况。有关改选资料归入文书档案保存，及时做好落选党员的思想政治工作。

三、党支部党员大会流程

支部党员大会是党组织的重要活动，详细流程如下：

1. 会前准备。

确定议题：明确会议要讨论的具体事项。

确定会议时间和地点：选择合适的时间地点，确保党员能够方便参加。

提前通知：将会议时间、地点、议题等提前通知全体党员（含党员领导干部）。

会场布置：在醒目位置悬挂党旗或党徽，营造庄重氛围。

2. 会议程序。

签到与宣布开会：与会人员签到，会议主持人宣布会议开始，奏唱国歌（党内重大活动时）。

报告出缺席情况：会议主持人报告党员出席、缺席情况，宣布会议议题。

组织讨论：围绕议题组织党员展开讨论，支部委员会成员以普通党员身份参加讨论。

表决通过决议：在充分讨论的基础上，按照少数服从多数的原则进行表决，形成党员大会决议。

小结与散会：会议主持人小结会议内容，奏《国际歌》（党内重大活动时），宣布散会。

3. 基本要求。

党员参会率：党员大会应切实提高党员参会率，到会党员一般要超过应到会正式党员半数。

着装与佩戴党员徽章：与会党员应着装整洁，佩戴党员徽章。

会议主持：会议由支部书记或支部书记委托的支委委员主持。

会议称呼：与会党员之间互称“同志”，党员领导干部应以普通党员身份参加会议。

4. 会议记录。

记录内容：会议时间、地点、主持人、党员出席会议人数和缺席原因、会议议题、党员发言要点、讨论中的不同意见、形成的决议等。

归档保存：会议记录要归档保存，以备查阅。

四、民主评议党员流程

民主评议党员是按照党章规定的党员条件，通过党员群众的评议和党组织的考核，对每名党员的工作表现和发挥作用作出客观评价，以达到激励党员、纯洁组织、整顿队伍的目的。

1.开展时机：每年至少进行1次民主评议，一般结合组织生活会或“七一”表彰工作进行。

2.评议内容：评议的具体内容和重点应当根据上级党组织要求和本单位实际情况确定。一般包括：

思想情况。主要看政治学习是否自觉，政治立场是否坚定，道德品质是否高尚，精神状态是否昂扬。

工作情况。主要看是否热爱本职，对待工作的热情和工作标准怎样，完成任务怎样。

作风情况。主要看是否坚持实事求是的态度，想问题抓落实是否从实际出发，处事是否公道正派、不徇私情，干工作是否雷厉风行、深入扎实。

模范作用情况。主要看党员的先锋队意识强不强，工作上是否勇于担当，日常生活中是否严格自律。

3.程序步骤：民主评议党员通常采取学习教育、个人自评、党员互评、民主测评、组织讲评等方法进行。

评议前准备。评议前，党支部召开党员大会，组织学习党章及上级有关文件指示精神，讲清评议的指导思想、目的、意义以及评议标准和重点。

党员个人自评。与会党员分别对照党员标准，对照党中央和上级组织的要求，从参加党的组织生活、坚定理想信念、严守党的纪律、践行党的宗旨、转变工作作风、履行党员义务、发挥先锋模范作用等方面，查找自身问题，开展自我批评。

党员相互评议。党支部书记和党支部委员会其他成员带头开展批评，其他党员相互开展批评。党员相互评议，可以安排在支部全体党员个人自评之后，也可以逐个进行，即某一个党员个人自评之后，其他党员随即对其进行相互评议。

开展民主测评。提名并通过监票人、计票人；清点与会党员人数和参加民主测评的群众代表人数；发放测评表；对党员进行投票测评；监票人、计票人统计民主测评结果。党员民主测评结果由基层党组织掌握。

组织讲评。召开支委会，根据党员的评议和群众的意见，进行综合研究分析，对党员模范作用按“优秀、合格、基本合格、不合格”进行划档，对每名党员的优缺点作出评价，支委成员分工把对每个党员的评价转告本人，并由支部书记向党员大会报告评议党员的情况。

会后工作。开展表彰与处理，对评议出的优秀党员，由支部进行表扬或报上级党组织进行表彰；经评议认为不合格的党员，由支委会区别不同情况，研究提出处理意见，并按规定报上级党组织批准。对存在的主要问题，党支部和党员要分别制定整改措施，并抓好落实。

4.落实要求：民主评议党员要坚持实事求是、民主公开、党内平等的原则，教育引导党员端正参与评议的态度；支委成员要带头示范，以普通党员身份参加评议；评议中召开的党小组会、支委会要如实记录，民主测评表做好留存。

五、创先争优活动流程

1.制订计划。制订创先争优计划，必须吃透两头，即一方面吃透党的路线、方针、政策以及上级党组织关于党员教育和管理的有关指示、决定、意见等，紧密围绕党在现阶段的中心工作；另一方面吃透本单位、本部门的工作、生产任务和党员的思想状况，紧密联系本单位、本部门和党员的实际。只有做到吃透两头，才能制订出符合实际情况的计划，这样的计划才是有意义的，可以实现的。

制订创先争优计划，一定要充分听取党内外群众的意见，经过党员的充分讨论、酝酿，使计划的内容真正为党员所接受。创先争优计划一般一年制订一次，内容包括开展创先争优活动的具体形式和内容，先进党支部、先进党小组和优秀共产党员的评比条件、评比方法、评比比例、奖励办法，以及开展创先争优活动的组织领导及具体措施。

2.活动的运行。创先争优计划制订以后，党支部要召开会议，组织党员进行学习，向党员讲清开展创先争优活动的目的、意义、要求，使党员明确创先争优的条件和如何达到这些条件。在此基础上，要发动党小组和党员讨论制定实现创先争优计划的具体措施。

3.活动的评比。做好评选前的准备工作。评选前，要根据创先争优计划，制定具体的评选方案，并深入实际，了解情况，做到心中有数。

在认真总结的基础上进行评选。首先要搞好自评。党员个人要按照党章、《中国共产党廉洁自律准则》和创先争优的条件进行对照检查，肯定成绩，找出差距，明确努力的方向。然后，以党小组为单位进行讲评，开展批评和自我批评，之后初选出优秀个人的推荐名单，经党支部研究决定后，正式报送上级党组织审批。评选先进党支部和先进党小组，按照条件进行自评或互评，推荐名单报上级党组织审批。

党支部对党员一般只进行评选、推荐或表扬，不直接命名或表彰。预备党员可在评选中发表意见，但不能被评为优秀党员。

六、党务公开流程

凡列入党务公开目录的事项，各级党组织以及党的其他组织应当按照以下程序及时主动公开。

1.提出。按照“谁承办，谁提出”的原则，相关党组织研究提出党务公开方案，明确公开的内容、范围、时间、方式等。对应当公开而未提出公开的事项，党组织应当要求有关部门提出公开意见。

2.审核。对需要公开的事项应当进行保密审查，并从必要性、准确性等方面进行审核，提出审核意见。

3.审批。各级党组织以及党的其他组织在综合考虑审核意见的基础上，依照职权对党务公开方案进行审批。重要事项报党组织主要负责人审批或者经领导班子集体研究决定，需要报请党的上一级组织审批的事项，应当按照规定报批。

4.实施。有关部门按照经批准的方案实施党务公开。可通过设立意见箱、开通热线、网络留言等形式收集、梳理党员和群众对党务公开工作的意见建议，及时提交党组织研究，并反馈办理结果，办理结果可以作为党务公开事项予以公开。

公开的方式：在党内公开，一般采取召开会议、制发文件、编发简报等方式。向社会公开，一般采取发布公报、召开新闻发布会、接受采访，在报刊、广播、电视、互联网、新媒体、公开栏发布等方式，优先使用党报党刊、电台电视台、重点新闻网站等党的媒体进行发布，已经依法依规公开的党务内容，其他载体和平台可以转载。

5.归档。按照档案管理的要求，有关部门及时记录和保存党务公开的有关信息资料，归档备查，并做好管理利用工作。

七、不合格党员处置种类及流程

对不合格党员进行组织处置种类分为限期改正、劝退、除名。

1.限期改正。

对有继续留在党内的愿望、愿意接受教育并决心改正的不合格党员，党组织应要求其限期改正，时间不超过1年。

2.劝其退党。

被认定为不合格党员，本人无改正愿望，不愿接受党组织教育和纪律约束的，直接劝退；或本人虽要求留在党内，但已明显不符合党员条件的，应劝其退党。

对经过限期改正仍不符合党员条件的，应劝其退党。

3.除名。

直接除名。对问题性质严重的不合格党员，留在党内会产生不良影响的，即使本人有留在党内的要求和愿望，也应直接予以除名。

劝而不退除名。如被劝退的党员坚持不退，应当提交支部党员大会讨论，决定将其除名，并报上级党组织批准。

退党除名。党员要求退党，经教育后仍然坚持退党的，经支部党员大会讨论通过后宣布除名，并报上级党组织备案。

脱党除名。党员如果没有正当理由，连续6个月不参加党的组织生活，或不交纳党费，或不做党所分配的工作，就被认为是自行脱党。支部大会应当决定把这样的党员除名，并报上级党组织批准。

对超过6个月未与党组织联系的党员，党组织要采取多种方式与他们联系；对通过各种方式查找仍然没有取得联系的党员，由所在党支部或上级党组织作出停止党籍的决定。停止党籍2年后确实无法取得联系的，按自行脱党予以除名。

不合格党员处置工作程序：

1.及时发现，初步认定。

党支部在民主评议党员工作中，根据个人自评、党员互评、民主测评结果，以及党员日常表现，对照不合格党员认定标准，作出初步认定，确定不合格党员初步名单。

2.调查核实，上报预审。

党支部对党员不合格表现进行调查，形成调查核实材料，支委会提出初步处置意见。基层党（工）委可派人参加。党支部将初步处置意见、调查核实材料报基层党（工）委预审。对拟作出劝退、除名处置的，由基层党（工）委报上级党委组织部门预审。

3.讨论表决，审批处置。

经预审同意后，党支部召开支部党员大会，通报对拟处置党员调查核实和预审情况，讨论处置意见并进行讨论表决。对作出限期改正处置的，由基层党（工）委集体研究审批；对作出劝退、除名处置的，由基层党（工）委集体研究提出审批意见，报上级党委组织部门审查批准。

4.反馈通报，材料归档。

党支部接到审批意见后，及时通知被处置党员，做好教育引导工作，并以适当方式宣布上级审批意见。被处置党员对处置结果有不同意见的，按照《中国共产党党员权利保障条例》规定提出申诉。党组织要按照规定进行复议、复查，并对本人作出回复。

不合格党员处置的相关材料，包括民主评议记录、党支部初步处置意见、调查核实材料、支委会及支部党员大会会议记录、基层党（工）委审批意见、谈话记录等，处置工作结束后，要及时按照档案管理有关规定立卷归档。

对确有不合格党员，但所在党支部拖延不作处置、支部党员大会不能形成处置决议或宗族宗派问题严重、所在党支部软弱落后的，基层党委要派员调查核实，直接作出处置决定。基层党委在启动直接核查处置程序时，需提前向上级党委组织部门报告备案。

被处置党员对处置结果有不同意见的，可按规定向上级党组织提出申诉。党组织应按照规定进行复议、复查，认真作出回复。对无正当理由反复申诉的，上级党组织应当通知本人不再受理并在适当范围内宣布。

八、党组织关系接转流程

党组织关系转移流程一般包括以下步骤。

1.党组织批准。党员转移组织关系时，需经所在党组织批准后方可办理转移手续。

2.开具证明信。由党员本人所在党支部开具党员证明信。

3.办理接转手续。党员持证明信到上级党委办理接转手续。

4.开具介绍信。上级党委根据党支部证明，开具党员组织关系介绍信。介绍信需写明党员转出和转入单位党委的名称，并注明有效期限（一般不应超过3个月）。如该级党委无权与党员调往单位或迁居地的党组织直接接转组织关系，还需持组织关系介绍信到上一级党委开具党员组织关系介绍信。

5.携带介绍信。党员持介绍信到所去地（单位）党委组织部或基层党委接转组织关系。介绍信由党员自己携带，不能自己携带的，应由机要交通或机要邮政转递。

6.报到并审查核对。党员到所去单位的党支部报到，并由接收单位党委组织部门认真审查核对介绍信。对不符合接转手续的党员组织关系介绍信，要退给党员本人，让其按规定重新办理接转手续。

在转接组织关系的过程中，还需注意以下几点：党组织开具党员组织关系介绍信要使用统一式样的党员组织关系介绍信，用毛笔或钢笔填写，字迹要清楚，不得涂改。如涂改更正，须加盖更正章。党员组织关系介绍信必须加盖公章，并在介绍信和存根的连接部位加盖骑缝章。党员必须在有效期内办理党组织关系接转手续，避免过期导致不必要的麻烦。

九、发展党员工作流程

根据《中国共产党章程》和《中国共产党发展党员工作细则》的规定，发展党员要经过以下步骤：

1.递交入党申请书。申请入党人员采用书面的形式提出入党申请。入党申请书一般应由本人手写，字迹要工整，日期等关键信息不得涂改，不提倡电脑打印稿。

2.党组织派人谈话。党支部认真审看收到的入党申请书，主要看申请人是否符合申请入党条件，审看通过后1个月内派书记、副书记或组织委员同入党申请人谈话，及时了解基本情况，帮助其提高思想觉悟，端正入党动机。

3.推荐和确定入党积极分子，在本单位、本支部已递交入党申请书且党组织已派人谈话的人员中，由党员或群团组织向党支部推荐入党积极分子。党支部根据党员或群团组织的推荐，召开支委会对被推荐对象进行审查，审查被推荐对象对党的认识、入党动机，以及在政治、思想、工作和学习等方面的表现情况。审查通过后，便确定为入党积极分子。

4.上级党委备案。支部将支委会讨论确定的入党积极分子名单及相关情况报上级党委备案，并通知入党积极分子本人，要求其写出自己的主要简历、家庭主要成员及主要社会关系和现实表现等情况。

5.指定培养联系人。党支部指定2名正式党员作为入党积极分子的培养联系人。入党积极分子的培养联系人，应当由经过一定时间党内生活的锻炼，能够用党员标准严格要求自己，先锋模范作用发挥得比较好的正式党员担任。培养联系人需向入党积极分子介绍党的基本知识，了解入党积极分子的政治觉悟、道德品质、现实表现和家庭情况等，做好培养教育工作，引导入党积极分子端正入党动机，及时向党支部汇报入党积极分子情况并向党支部提出能否将入党积极分子列为发展对象的意见。

6.培养教育考察。入党积极分子的培养教育考察期要满一年以上，自支部确定其为入党积极分子之日算起。对入党积极分子的培养教育主要采取安排他们听党课、参加党内有关活动，给他们分配一定的社会工作以及集中培训等方法。培养联系人对入党积极分子要经常进行帮助，一般每季度向党支部汇报一次入党积极分子的培养教育情况。入党积极分子要经常向党组织汇报思想和工作情况，一般每季度向党支部进行一次书面思想汇报，党支部每半年对入党积极分子进行一次考察，并将考察情况填入《入党积极分子培养考察登记表》。

7.确定发展对象人选。对经过一年以上培养教育和考察的入党积极分子，党支部征求培养联系人、党员和群众的意见后召开支委会进一步了解他对党的认识、入党动机等情况，然后听取培养联系人对其是否可列为发展对象的意见建议，确定为拟定发展对象人选，党支部对发展对象人选可在一定范围进行公示（公示期5个工作日），公示后党支部将确定发展对象人选有关情况报党总支进行审议。

8.报上级党委备案。经支部讨论确定的拟发展对象，要报上级党委备案，上级党委备案同意的时间，即为确定发展对象的时间。

9.确定入党介绍人。党支部指定2名正式党员作为发展对象的入党介绍人，且入党介绍人需指导发展对象撰写自传。

10.进行政治审查。在审查发展对象的个人自传后，党支部（也可由上级党组织）通过同本人谈话、查阅有关档案材料、找有关单位和人员了解情况以及必要的函调或外调等方式对发展对象进行政治审查。未经政治审核或政治审核不合格的，不能发展入党。

11.开展短期集中培训。党委党校（一般在列为发展对象后3个月内）组织发展对象进行，不少于3天（或24学时）的短期集中培训。培训结束时，由培训单位开具培训证明或结业证书，并加盖公章。

12.支部委员会审查。支部委员会在支部大会讨论发展对象入党问题前，党支部需征求党员和群众对发展对象的意见。由党支部书记、副书记或组织委员同发展对象谈话，进一步了解其对党的认识、入党动机以及其他需要了解的情况。支部委员会听取入党介绍人关于发展对象的情况汇报，对发展对象有关问题进行严格审查。经支部委员会集体讨论，确定发展对象具备入党条件、手续完备后，党支部向具有审批权限的基层党委上报进行预审的请示。

13.上级党委预审。上级党委指定专人对发展对象的入党材料进行详细审阅后研究提出预审意见（审查结果形成书面通知），并向审查合格的发展对象发放《中国共产党入党志愿书》。

14.填写《中国共产党入党志愿书》。发展对象填写志愿书必须经上级党组织同意，在入党介绍人的指导下，用钢笔或毛笔填写，并要求其填写时要实事求是，不得有任何隐瞒和伪造。字迹要清楚，不得涂改。对志愿书上有的项目没有内容可填时，应注明“无”，不能为空。

15.支部大会讨论。经党委预审合格的发展对象，《中国共产党入党志愿书》填写好后，由支部委员会提交支部大会讨论，并进行表决（赞成人数超过一半应到会表决权的正式党员的半数，方可通过）。

会后，支部书记及时将支部大会决议（主要包括发展对象的主要表现、应到会和实际到会有表决权的党员人数、表决结果、通过决议的日期、支部书记签名等）写入《中国共产党入党志愿书》，连同本人入党申请书、政治审查材料、培养教育考察材料等，一并报上级党委审批。

16.上级党委派人谈话。支部大会讨论通过发展对象为预备党员之后，上级党组织审批之前，指派党委委员或组织委员同发展对象谈话，作进一步的了解，并帮助发展对象提高对党的认识。谈话人将谈话情况和自己对发展对象能否入党的意见，如实填写在《中国共产党入党志愿书》上，并向党委汇报。上级党组织派人谈话，这是发展党员工作中的一项重要程序。这样做，一方面使党委能直接了解发展对象的情况，保证审批意见准确，防止不具备党员条件的人进入党内来。另一方面通过谈话，可以有针对性地帮助发展对象进一步提高对党的认识，端正入党动机。还可以通过谈话，了解党支部对发展对象的培养教育情况，也是对党支部工作的检查和监督。

17.上级党委审批。党委根据谈话人的谈话情况汇报，召开党委会，进行集体讨论和表决。党委审批意见写入志愿书，注明预备期的起止时间，并通知报批的党支部。党支部及时通知本人并在党员大会上宣布。

18.报上级党委组织部门备案。入党审批通知下发支部的同时向上级党委组织部门上报接收预备党员备案的报告。

19.编入党支部。党支部接到上级党委入党审批通知后，及时将上级党委批准的预备党员编入党支部，告诉其交纳党费的时间、规定等，并对其继续进行教育和考察。

20.组织入党宣誓。《中国共产党发展党员工作细则》规定，预备党员必须面对党旗进行宣誓。举行入党宣誓仪式的时间，尽可能在上级党委批准预备党员后及时举行，一般由基层党委或总支、支部组织进行。有些党组织为了使宣誓仪式更有纪念意义，在“七一”建党节时集中举行入党宣誓仪式，也是可以的。

21.继续教育考察。预备党员预备期为一年，从支部大会通过其为预备党员之日算起。预备期内，党组织通过党的组织生活、听取本人汇报、个别谈心、集中培训、实践锻炼等方式，对预备党员进行教育和考察。预备党员要自觉接受党组织的教育和考察，经常向党组织汇报思想和工作情况。

22. 提出转正申请。预备党员在预备期满前1周主动向所在党支部提出转为正式党员的书面申请。因特殊情况，不能按时提出转正申请的，应在其预备期满后1个月之内向党组织提出书面转正申请。

党支部征求党员和群众的意见。支部委员会对预备党员的基本情况和教育考察情况进行审查，将有关情况填入《预备党员转正审查登记表》，在一定范围进行公示（公示期5个工作日），填写《预备党员转正公示情况登记表》。如公示没有问题，将预备党员转正问题提交支部大会讨论。对公示中发现有问题的，及时查明原因，按有关规定处理。

23. 支部大会讨论。党支部在收到预备党员转正申请1个月内召开支部大会讨论其转正问题。主要程序是：

申请转正的预备党员汇报自己在预备期间的表现，肯定成绩和进步，找出缺点和不足，表明自己的态度和决心，向党组织说明有关问题。

党小组介绍预备党员在预备期间的表现情况和党小组意见。

支部委员会介绍对预备党员在预备期间的教育和考察情况，提出能否转为正式党员的意见。

支部大会进行讨论，与会党员充分发表意见，并采取无记名投票的方式进行表决，作出按期转正或延长预备期、取消预备党员资格的决议。

党支部及时将决议填入《中国共产党入党志愿书》相关栏目并将预备党员转正的有关材料报上级党委审批。

24. 上级党委审批。党委对党支部上报的预备党员转正的决议，应当在3个月内审批。审批结果及时通知党支部，支部书记应当同本人谈话，并将审批结果在党员大会上宣布。

25.材料归档。对被批准转为正式党员的，党支部及时将其《中国共产党入党志愿书》、入党申请书、政治审查材料、转正申请书和培养教育考察材料，交上级党委组织部门存入本人人事档案。

十、民主生活会（组织生活会）召开流程

民主生活会（组织生活会）是党内政治生活的重要内容，旨在发扬党内民主、加强党内监督、依靠领导班子自身力量解决矛盾和问题。它遵循“团结—批评—团结”的方针，贯彻整风精神，增强党内政治生活的政治性、时代性、原则性和战斗性。通过民主生活会，党员领导干部应严肃认真开展批评和自我批评，坚持实事求是，讲党性不讲私情，讲真理不讲面子。

1.会前准备。

确定会议主题和时间：根据组织当前的工作重点、存在的问题或待决策的事项，通过调研、访谈等方式收集信息，确保会议主题具有针对性和明确性。

制定会议计划和议程：详细规划会议流程、各环节时间安排、负责人及联系方式等，并制定应急预案，确保会议顺利进行。

广泛征求意见：通过座谈会、访谈等方式，广泛征求党员、干部和群众的意见建议，并如实向领导班子及其成员反馈。

谈心谈话：领导班子成员之间相互谈心谈话，交流思想，交换意见，并与分管单位主要负责人谈心。

撰写对照检查材料和个人发言提纲：查摆问题，进行党性分析，提出整改措施。个人发言提纲应由本人亲手撰写，并按规定说明个人有关事项。

2.会议召开。

通报上一次民主生活会整改措施的落实情况：介绍上次会议的整改措施落实情况和本次会议征求的意见建议。

主要负责人代表领导班子作对照检查：进行自我批评，明确整改方向。

领导班子成员逐一进行自我批评和相互批评：其他成员对其提出批评意见，相互批评时要开诚布公，直指问题核心。

上级督导组进行点评：对会议情况进行总结和点评，提出整改工作要求。

3.会后整改。

制定整改措施：针对检查和反映出来的问题，领导班子及其成员应制定具体的整改措施，明确整改目标和完成时限。

公布整改措施：对于群众普遍关心的整改措施，应以适当方式向公众公布。

报告会议情况：民主生活会结束后15日内，应将会议情况报告和会议记录报上级党组织。

第四章

新时代国有企业“党建+”的创新实践

04

CHAPTER

在我国经济转型升级的背景下，企业面临着从传统增长模式向高质量发展模式转型的巨大挑战。党组织在企业中具有的政治优势、组织优势和制度优势，成为破解企业发展困境、推动高质量发展的重要契机。笔者研究以“党建+”为抓手，充分发挥党组织抓难点、破难题、攻难关的作用，解决团队建设、安全提升、合规管理、立项攻关等方面的瓶颈问题，从而推动企业实现高质量发展。那么，什么是“党建+”创新实践？第一，“党建+”是将党的建设作为核心引领，将党建工作的理念、方法和机制，融入国有企业管理的各项中心工作中去，从而实现党建工作与其他工作深度融合和协同发展。通过“党建+”的创新实践，可以进一步强化党的领导，确保党在企业各项工作中的核心地位，使党的路线方针政策在国有企业得到有效贯彻落实。第二，“党建+”可以提高工作效率，发挥党组织的组织优势和党员的先锋模范作用，带动各方力量共同参与，形成工作合力。第三，“党建+”可以促进创新发展，为各项工作注入新的理念和方法，推动工作的创新和突破。第四，“党建+”可以增强党的凝聚力，增进党员和群众的联系，提高党组织的凝聚力和向心力。总之，“党建+”的创新实践，为推动国有企业高质量发展提供了新的思路和方法，具有重要的实践意义。以下，笔者从“党建+”的角度探索国有企业在发展过程中如何创新“党建+”的运用。

一、“党建+思想教育”的创新实践

“党建+思想教育”是一种将党建工作与企业员工思想教育深度融合的创新模式，主要是通过党组织的引领和党员的带头作用，强化员工的思想教育工作，提高党员和群众的思想政治素质，从而进一步加强企业的团队建设，增强团队凝聚力、向心力和创造力。

“党建+思想教育”的深度融合，主要从以下几个方面着手：一是强化理论学习。国有企业各级党组织可以制订系统的学习计划，组织党员深入学习马克思主义理论、习近平新时代中国特色社会主义思想等。比如开展“党支部书记讲党课”“党员分享会”等活动，促进党员之间的思想交流和学习成果分享。这样，可以通过党建引领思想教育，提升企业管理过程中凝聚员工共识，达到统一思想、统一意志、凝聚合力的作用。二是创新教育方式，丰富党建在思想教育领域的内容和载体，比如利用现代信息技术，如线上学习平台、微党课、短视频等，丰富思想教育的形式和内容，组织实地参观红色教育基地、开展体验式教育活动，增强教育的感染力和实效性。三是要注重建立长效机制。制定党员思想教育管理制度，明确学习要求、考核标准等，定期对党员的思想状况进行分析评估，及时发现和解决问题。四是注重发挥党员示范作用。比如设立“党员思想教育示范岗”，鼓励党员在思想教育中发挥带头作用，通过党员与群众结对帮扶，带动群众提高思想认识。五是要突出思想教育融入日常工作。要在党组织的各项活动中，融入思想教育元素，如在主题党日活动中安排思想教育环节。要将思想教育与业务工作相结合，引导党员在工作中践行正确的价值观。例如，某国有企业党组织开展“党建+思想教育”活动，每月组织一次线上主题学习讨论，每季度组织党员到红色教育基地参观学习，并要求党员在工作中发挥模范带头作用，积极传播正能量，有效提升了员工的思想道德素质和工作积极性，增强了企业的凝聚力和竞争力。又如，某国有企业党组织建立了“党建+思想教育管理”微信群，定期推送思想教育学习资料，鼓励党员和群众在群里交流学习心得，同时组织党员志愿者开展文明宣传活动，将思想教育落实到行动中，营造了良好的宣教氛围。以上是党建融入员工思想教育的主要途径和方法。除此之外，要发挥员工思想教育的最佳效果，还需要在面对员工思想教育出现的新情况、新特点、新问题和新矛盾的时候，创新性开展思想教育，新时代国有企业要想把员工思想教育工作真正深入人心，就需要在思想教育工作中加入人文关怀，给予员工在思想上、工作上、生活中关心帮助，坚持以人为本、尊重员工、理解员工、关心员工，让员工感受到家一般的温暖，这样的思想教育工作才能深入员工的内心。

（一）注重谈心谈话，化解企业员工心疙瘩

在做思想教育工作过程中，我们要采用沟通和对话的方式进行，要和员工谈思想、谈自己、谈态度、谈需求、谈问题、谈不足、谈发展、谈进步等，真正把做思想工作落实到教育人、培养人的全过程，通过谈话使员工摆正心态，平衡心理、稳定思想。工作中员工出现思想不稳定，一般大多受家庭方面影响，他可能会把不稳定情绪带到工作上，出现因思想不集中导致工作失误，甚至安全事故。所以，定期开展员工谈心谈话，及时掌握员工思想情况、工作情况、家庭状况以及“八小时以外”动态，及时了解员工思想异常、举动异常的问题所在，贴近员工实际做好思想引导教育，做好心理疏导工作，有利于员工队伍安全稳定。

（二）党组织要引领，党员干部要带头

《论语》中说：“其身正，不令而行；其身不正，虽令不从。”喊破嗓子，不如做出样子。首先，在工作中，要求员工做到的，自己先要做到，要求员工不做的，自己也不能越雷池半步。要身先士卒、以礼待人、作风正派，给人以安全感，给人以宽厚感，使员工能体会到组织的温暖。员工才会信其言而效其行，才能增加我们的感召力、吸引力和亲和力。与此同时，还要做到行之公正。在员工与员工之间发生矛盾时，要一碗水端平，

不偏不向；在评优评先时，要民主择优避免意见；在员工提拔使用时，要择优使用让人信服。同时，在思想上、工作上、生活上关心员工的进步和成长，充分尊重员工，信任员工。学会换位思考，多从员工的角度考虑问题，遇到问题、矛盾多反省自己，从自身找问题，主动化解矛盾。遇事要稳重、冷静，多倾听、重事实、讲真话。要融入集体，与员工打成一片，真正成为员工有话敢倾诉、有想法敢说、有意见敢提、有问题敢讲的知心人。

（三）要以真心动真情，多做暖人心的事

感人心者，莫过于情。员工如果对单位没有感情，对管理者没有感情，团队凝聚力、执行力就会打折扣。实践证明，一个情商高的管理者，团队更有凝聚力、执行力，员工的使命感、责任感更强，工作更尽心尽力。所以，现实工作中，只有管理者把员工放在心上，员工才会把企业放在心上；只有管理者把员工当亲人，员工才会把组织当家一样。国有企业各级管理者尤其是最基层的管理者要从国有企业的传统出发，认识情感交流对员工思想建设的重要性，要从各方面关心员工，做好员工的后勤保障工作。在员工遇到困难、问题时，主动给予关心，给予鼓励。例如，在员工生病住院时前去看望、给予安慰；在节假日期间党员干部要主动顶上去，让员工回家与家人团聚；要坚持深入基层、深入一线，了解员工心声，了解他们的困难需求，为他们排忧解难；对不同性格特点的员工采取不同的教育方法和帮扶措施等。要真正放下架子、扑下身子，与一线员工打成一片，营造“家”的氛围。要把做好思想教育工作与帮助员工解决实际困难和问题相结合，只有这样，才能把思想教育工作做到员工的心坎里去。

（四）要晓之以理，做到以理服人

目前，国有企业队伍中“90后”“00后”员工很多，他们在工作中大多有自己的想法和特点，要想让他们接受企业管理，就要做到以理服人。工作中，一定要定期组织学习法律法规、制度、规定、操作规范等行业规范，重要的事情要做到在会上、日常多说、多讲。这样，管理才能有理有据。员工出现一般非原则性错误时要多引导、多教育，少批评、少发脾气，用说服教育感化他们。员工之间发生矛盾，要了解清楚事由原委，做到有理有据、公平公正处置，不偏向哪一方。对员工提出的有利于公司发展的合理化建议、见解，要给予采纳，给予员工鼓励，不合适的建议要与员工做好沟通，避免员工产生消极情绪。对于大多数员工反映最强烈的问题、事件，要及时掌握信息，认真对待、妥善处置，真正做到解之所忧。

（五）要坚持原则，维护好职工权益

必须坚持员工利益无小事的思想，事事想着员工，处处关心员工。员工的付出、员工的辛苦、员工的支持，管理者要记在心里。面对员工的困难，要真心帮助，想法解决。面对侵犯员工权益和侵犯员工人格的事，要敢于为员工力争，尽心维护员工权益和员工人格。这样才能赢得员工更多的支持和拥护，团队才更有向心力、凝聚力，思想教育工作才更能入脑入心。实践证明，企业越是关心员工、信任员工、爱护员工，满足他们的合理需求，员工越会忠于企业、热爱职业、爱岗敬业，对企业产生出一种强烈的归属感、认同感，从而更加激发出员工自身的积极性和创造性。

二、“党建+安全管理”的创新实践

“党建+安全管理”是将党的建设工作与安全管理工作深度融合，以党建为引领，推动安全管理水平的提升。通过发挥党组织的战斗堡垒作用和党员的先锋模范作用，强化安全意识、落实安全责任、完善安全制度、加强安全监督，实现安全生产的目标。

新时代党建工作创新将党建与安全管理相融合。主要思路：一是加强思想引领，党组织可以通过开展安全教育培训、宣传安全理念等活动，提高员工的安全意识和责任感，使安全成为每个人的自觉行动。例如，组织党员带头学习安全法规、政策，然后在员工中进行宣讲和解读，让大家深刻认识到安全工作的重要性。二是加强组织保障，积极发挥各级党组织的组织优势，建立健全安全管理体系，明确各部门、各岗位的安全职责，确保安全工作有序开展，比如，成立以党员为骨干的安全管理小组，定期对安全工作进行检查和评估。三是发挥党组织监督作用，加强对安全工作的监督考核，对安全工作不力的部门和个人进行问责，确保安全制度的严格执行，比如，设立党员安全监督岗，对生产现场的安全情况进行实时监督。

在推动实现“党建+安全管理”的有效融合上，一是建立协同工作机制。制定党建与安全管理融合的工作制度和流程，明确责任分工，确保各项工作协同推进。二是扎实开展各类主题活动，比如组织“党员身边无事故”“安全先锋岗”等主题活动，激发党员在安全管理中的积极性和主动性。三是加强人才培养，将安全管理纳入党员干部的培训内容，培养既懂党建又懂安全的复合型人才。四是加强企业文化引领，促进文化建设，将党建文化与安全文化相结合，营造浓厚的安全文化氛围，让安全理念深入人心。总之，“党建+安全管理”是一种创新的管理模式，能够充分发挥党建的引领作用，为企业的安全生产提供坚强的保障。

（一）要从讲政治的高度提高对安全生产工作重要性的认识

安全生产是我们做好各项工作的基础和保证。抓好安全生产，就是抓住了企业管理的“牛鼻子”，牵一发而动全身，只有安全生产局面稳定了，才能确保其他工作的正常开展。作为党员干部要时刻牢记这一点，把安全生产工作提高到讲政治的高度上来，在安全生产管理上要坚持党性，坚持原则。宁愿听骂声，不听哭声；宁愿把困难想得多一些，问题估计得严重一些，也不要掉以轻心，始终警钟长鸣，常抓不懈、一抓到底，才能巩固安全生产局面。加强企业党建，充分发挥企业党组织的政治领导核心作用，是企业实现又好又快发展的政治保障，实现党建与安全管理的有机融合是党建工作进入安全生产管理的重要切入点，是实现党政工团齐抓共管、共同围绕中心工作的有效途径，是进一步提升安全管理水平的重要手段，是发挥党的“三个作用”的重要平台，是有效开展党的组织活动的重要舞台。要紧密结合实际，创造性地开展工作，充分发挥企业党组织的政治核心作用，为安全生产提供思想和组织保证。

（二）积极探索党建工作融入安全管理的方式方法

如何发挥党组织的政治核心作用，实现“融入中心做工作，进入管理起作用”的目的，达到“1+1>2”的效果。实际工作中，要在机制、平台、目标、考核、文化五个方面的互相融合上迈出实质性的步伐。

1.要在机制上实现融合

客观地讲，企业党建与企业安全管理是企业的两条线、两个体系，分属不同的职能部门、分属不同的领导主管。因而形成了安全生产管理人员对党建工作不够重视、党建人员不能在安全生产管理中发挥作用，存在着二者不能很好融合甚至各自为政的现实情况。解决这一问题，必须从机制上入手，就是在企业内部探索二者融合的机制。我们可以按照“围绕安全抓党建，抓好党建保安全”的途径，由各级党委组织部门牵头负责，组建安全工作网络，把安全生产作为党组织参与中心工作的切入点，把安委会作为党支部战斗堡垒作用发挥的发力点，把“党员安全员”作为先锋模范作用的落脚点。在基层党组织中建立安全工作网络，也为有效开展党内活动提供了载体，为共产党员发挥先锋模范作用提供了平台。可以先探索尝试在生产部门中，逐步建立安全生产思想保障体系，分析员工的思想动态，化解矛盾、理顺情绪，对于思想不稳定的员工进行重点关注，为做好安全生产奠定思想基础。建立党员责任区，开展“党员身边无事故”竞赛活动，把党员的先进性作用体现在安全生产工作中，落实到本职岗位上。同时，切实发挥党支部在安全生产中的监督保障作用。这样既在实践中实现了党建与安全管理的融合，还可以实现生产管理与安全监督相分离进而提高监督的功效，既为企业党务工作者“融入中心工作”提供了平台，也为开展卓有成效的思想政治工作提供了机会。同时，也使得党务工作由“无形”变成了“有形”，由“虚”变为“实”，由“软”指标变为“硬”指标，还使得党支部的工作更为饱满、为基层党支部的进一步健全创造了条件。

2. 要在平台上实现融合

要实现党建真正融入安全管理，还要使党建与安全管理实现平台共享。就是要把党建工作中行之有效的思想政治工作网络、宣传网络、组织机制等应用到安全管理中，实现工作平台上的融合。一是要充分发挥宣传平台的作用。安全管理除需要技防等硬的安全措施外，更需要“安全第一”的理念、安全常识、安全意识等这些软要素入脑入心，进而形成一种潜意识的习惯行为。这种行为的形成，需要强有力的宣传的介入，而借助党建体系中健全、完善的宣传网络，用于安全理念、安全观念的宣传，必将起到较好的宣传效果，这也是党建工作融入安全管理的又一重要抓手。国有企业各级宣传部门要把安全宣传作为宣传工作的重要组成部分，常抓不懈，抓出成效。各级宣传部门要主动学习安全管理知识，要与安全管理人员密切配合，形成强有力的安全宣传攻势，在全体职工中，营造“我要安全，我会安全”的浓厚氛围。二是有效利用党组织的民主生活会。党建工作中广泛开展的民主生活会，是党内政治生活的一项重要活动，是提高党建工作质量的重要手段。我们可以借鉴党组织的民主生活会这一平台和方式、方法，召开安全管理专题民主生活会，就安全管理进行批评和自我批评，并纳入常态化管理。这样不仅可以提高民主生活会的实效性，也有助于安全管理水平的提高。

3.要在目标上实现融合

党建与安全管理是企业的两个不同的管理体系，但二者都是企业管理的重要组成部分，都必须围绕企业安全、生产、经营、发展这一核心工作，都必须在这一共同目标上实现融合、形成合力。企业党建目标中要吸收融合安全等生产经营目标，生产经营工作中也要体现党建工作的思想、思路和方法。进而通过二者的有效融合，实现企业目标的最大化。要把企业党建工作目标与企业安全生产工作融合在一起。同布置、同考核、同分析、同检查，真正使党政工团在“安全目标、安全重点、安全管理”上同步，使各项工作相互促进、相互推动、共同进步。要把加强企业中心工作作为党建思想政治工作的出发点、落脚点，把企业改革发展稳定的难点作为党组织发挥作用的重点，将党建目标与生产经营指标在各个层次上实现相互支撑、相互融合，真正做到目标一致、工作同心，确保“业务工作延伸到哪里，党的工作就做到哪里；行政组织延伸到哪里，党的组织就组建到哪里”。

4.要在考核上实现融合

考核体系是企业管理的重要组成部分，是实现企业闭环管理的重要环节。实现党建工作要融入安全管理，还应实现党建与安全管理在考核上实现互相融合、互相衔接、互为一致。要在党建考核体系、党员考评体系以及干部考核体系中，充分体现安全考核的内容。要用安全生产工作的实效来检验党建工作的成果。同时，安全日常考核、年度考核中，也要体现对党建工作开展情况的考核，最终实现同部署、同考核。要整合党建、安全等企业考核平台，协同考核的力度、统一考核指标体系、建设科学的考核管理信息系统，最终形成完整、高效、导向明确的企业考核系统。

5. 要在文化上实现融合

企业文化建设越来越受到人们的重视，企业文化对企业的引领、推动作用越来越成为人们的共识。当今社会每一个成功的企业，都有其内在独特的企业文化，这种企业文化使员工产生着极强的凝聚力和向心力，体现了企业员工的精神面貌、价值观、人生观以及责任感，企业安全文化是企业文化不可或缺的重要组成部分，是企业安全价值观和安全行为准则的总和，体现企业员工对安全的态度、思维方式及行为方式，在现实工作中，安全管理不仅要依靠制度上的“硬管理”，还需要用文化来进行“软管理”。“硬管理”对安全工作的影响是外在的、强制的、立竿见影的、被动意义上的，而“软管理”则是内在的、温和的、潜移默化的、主动意义上的。安全文化的建立是一个长期的复杂的过程，是一个在实践中不断摸索提炼的过程。如何使企业安全文化彰显出独特优势，充分发挥安全文化的引导、凝聚、辐射、规范功能，必须依靠党建工作的指引、指导和组织保障机制，还必须充分借鉴党建的文化建设平台。要把安全文化建设作为企业文化建设的重要组成部分，把安全文化建设贯穿企业文化建设的始终。

（三）党建工作融入安全生产管理需要把握的几个环节

一是要在注重联合上下功夫。党建融入安全管理，最重要的是要在联合、配合上下功夫。要以企业大局为重，要以实现企业目标为核心，要以实现企业可持续健康发展为落脚点，要树立全局意识，要站得高、看得远，要实现党政工团齐抓共管，心往一处想、劲往一处使，要充分沟通，注重合作。实现党建与安全管理相融合，还要找准定位。认为党建工作与安全生产不相干，是纯粹的党务工作、是务虚的，这显然是不对的；同样，认为安全等生产经营管理工作与思想政治工作不相联系，也是不妥的。要跳出传统狭隘的党建视野，从管理角度看党建，把党组织和党员队伍看作企业不可替代的、最优秀的资源，把党建工作看作企业管理的重要组成部分。实现党建与安全管理的融合就是要围绕中心、服务大局，充分发挥企业党组织的政治核心作用，构架起党建工作服务生产经营中心工作的桥梁，促进企业又好又快地发展。党建与安全管理相融合，从企业运行机制上较好地消除党政工作各自为政、各自为战、低水平重复的现象，有效地克服企业党的工作与生产经营工作“两张皮”的问题，使企业党建与生产经营有机融合、相互促进。二是要在注重实效上下功夫。实现党建与安全管理工作相融合，最终目的是发挥党建优势，提高安全管理水平，从而通过安全管理提升党建水平，实现“1+1>2”的目的。实际工作中，往往出现两者为融合而融合，全局观念不强，结果是“两张皮”，有时甚至出现“1+1<1”的结果。我们必须一切以“提高实效性”为落脚点，一切以是否有利于安全管理水平的提高为标准，坚决杜绝形式主义的发生。要调动一切积极因素，形成推进企业改革发展稳定的强大合力。要通过党建与安全管理的融合，使党建工作更具有效性、可操作性，从而更好地克服过去党建工作规范性不强、针对性不强、激励性不强和自我改进能力较差等薄弱环节。要本着“实用、管用、能用、好用”的原则，努力在增强党建工作的针对性和可操作性上下功夫，把党建工作对象的各项目标要求落到实处。三是要在以人为本上下功夫。党建与安全管理的对象都是人，都

必须在“以人为本”上下功夫，这既是二者的出发点也是落脚点。加强和改进企业党建工作就是要以服务于企业利益、服务员工利益为根本追求，始终做到尊重人、了解人、关心人、凝聚人，维护好、发展好企业与员工的根本利益，使他们气更顺、心更宽、劲更足，实现员工与企业共同发展，实现企强工富的目标。

实现党建工作融入安全管理，是新形势下发挥企业党组织的政治优势的重要途径之一，是提升企业安全监督、管理水平的重要手段，也是提升党组织的先锋模范作用的重要平台。我们要在机制、平台、目标、考核、文化五个方面实现二者的有机融合，要注重合作、注重实效、注重人本，提高企业的整体合力和管理水平，为企业做强、做大发挥作用，确保安全生产局面稳定。

党建＋范例一

“党建引领，共筑安全防线”主题活动

一、活动主题

“党建引领，共筑安全防线”。

二、活动目的

通过党建引领，增强员工的安全意识，提高安全管理水平，排查和消除安全隐患，确保生产经营活动的安全稳定。

三、活动时间

××年××月××日–××年××月××日。

四、参与人员

全体党员及员工。

五、活动内容

1.开展安全知识讲座

邀请专家进行安全法规、安全操作流程等方面的讲座。组织党员带头参加，并在讲座后进行小组讨论和分享。

2.设立党员安全责任区

将工作区域划分为若干个责任区，每个责任区由一名党员负责。党员对责任区内的安全隐患进行排查和监督整改。

3.举办安全知识竞赛

以党支部为单位组队参加安全知识竞赛。对表现优秀的团队和个人进行表彰。

4.开展安全演练

组织火灾逃生、地震避险等安全演练。由党员担任演练的组织者和指导者。

5.安全文化宣传

制作安全宣传海报、展板，由党员负责设计和布置。利用公司内部媒体，如微信公众号、内部刊物等，发布安全知识和党员在安全工作中的先进事迹。

六、活动评估

设立评估指标，如员工安全知识掌握程度、安全隐患排查数量和整改情况、安全事故发生率等。组织员工进行活动满意度调查，收集意见和建议，以便改进后续活动。

三、“党建+纪律合规”的创新实践

“党建+纪律合规”是一种党建融合的创新管理模式，就是将审计监督和党风廉政建设的监督融合开展，达到融入中心，促进国有企业规范管理，推动国有企业高质量发展的目的，能够有效提升组织的管理水平，促进组织的健康发展。国务院国资委出台的《中央企业合规管理办法》，第五条明确提出把“坚持党的领导”作为中央企业合规管理工作应当遵循的第一原则；第七条中要求“中央企业党委（党组）发挥把方向、管大局、促落实的领导作用”，“中央企业应当严格遵守党内法规制度，企业党建工作机构在党委（党组）领导下，按照有关规定履行相应职责，推动相关党内法规制度有效贯彻落实”。这也是贯彻中共中央办公厅2021年5月印发的《关于中央企业在完善公司治理中加强党的领导的意见》的重要举措。国有企业如何强化党的领导，加强党的建设，推进国有企业合规化管理，成为国有企业党组织的重要课题。从现实意义来看，国有企业开展“党建+纪律合规”管理，就是要发挥党建对企业纪律合规管理的引领作用。党的建设为纪律合规管理提供了坚实的思想基础和政治保障，党组织通过开展思想政治教育，强化党员的纪律意识和合规观念，使其在工作中自觉遵守法律法规和企业规章制度。例如，党组织可以定期组织党员学习党纪国法，开展廉政教育活动，如参观廉政教育基地、观看警示教育片等，让党员深刻认识到纪律合规的重要性。比如，某国有企业在党建工作中，成立了纪律合规管理小组，由党组织负责人担任组长，定期对企业的经营活动进行合规审查，及时发现和纠正问题，有效防范了风险。又如，某国有企业将党建与纪律合规管理相结合，开展了“党员带头守纪律、合规经营促发展”的活动，通过党员的示范引领，带动全体员工遵守纪律、合规操作，企业的经济效益和社会形象得到了显著提升。

那么，如何推进这一体制机制的融合呢？在方式方法上：一是要将纪律合规要求纳入党组织的日常学习和活动中，如在“三会一课”中增加纪律合规的学习内容。二是要建立党员纪律合规监督机制，发挥党员的模范带头作用，同时监督身边的同事遵守纪律合规要求。比如，设立党员纪律合规监督岗，对工作中的违规行为进行及时提醒和纠正。三是要不断加强这方面的制度建设，完善党建工作和纪律合规管理的相关制度，明确责任和流程。强化培训教育，提高党员和员工的纪律合规意识和能力。例如，可以邀请专家进行专题讲座，组织内部培训和交流活动等。建立激励机制，对在纪律合规管理方面表现优秀的党组织和党员进行表彰和奖励，激发积极性和主动性。在实施“党建+纪律合规”融合的创新实践上，要注意从组织架构、岗位合规职责、重大监督体系、廉洁风险防控体系等方面着手。

（一）强化党的领导方针，完善合规管理组织架构

工欲善其事，必先利其器。建立合规管理体系的第一步是建立合规管理组织架构，明确合规管理部门，落实合规管理责任，这样才能统筹协调，推动合规管理建设工作的有序开展。引入合规管理后，企业应从纵向管理条线及横向执行与监督条线对合规组织架构、合规职能划分等进行优化升级。在纵向的治理层，引入党委（党组），明确其在合规管理建设工作中的地位和权力，使其切实发挥“把方向、管大局、促落实”的领导作用。在横向的监督职能中引入纪检监察机构、巡视等部门，明确其在职权范围内履行监督职责；在合规管理的其他部门职责中新增引入党内合规后的内容，并通过组织架构图、部门职能说明书等工具对具体内容进行固化。

（二）剖析党内合规要点，细化岗位合规职责清单

党建融入合规管理的重要内容之一是通过内部规章制度承接外部法规要求。但在业务实践中，往往会存在由于制度文件较多、同一事项的不同要求可能会在不同制度文件中约定等，导致员工对制度理解不到位而产生不合规行为。因此企业可借助岗位合规职责清单对合规要求进行梳理和固

化。以合规风险为导向，以突出重点为原则，以党内法规为依据，以业务流程为主线，以岗位职责为落脚点，全面梳理企业重点领域、重点环节的重要纪律合规风险，剖析纪律合规要点，明确应对措施，在内控管理中嵌入党内法规要求，并将其与岗位职责相关联、相匹配，完善各岗位合规要求。借助岗位合规职责清单，对各岗位“应当做”与“禁止做”的具体内容进行固化，实现纪律合规要求的到岗到人。相关部门密切关注与企业业务关联的核心党内法规的变化，结合业务实际需要，持续更新升级内部管理制度，联动更新岗位合规职责清单，以保障各岗位人员工作有规可循、有据可依，实现各项业务合规有序。

（三）优化监督顶层设计，推行“大监督”管理模式

构建“大监督”格局是“加强党的领导、全面从严治党”的必然要求，是把党的领导融入公司治理的具体实践之一。现《中央企业合规管理办法》明确了中央企业党委（党组）在合规建设中的领导作用，为构建、优化“大监督”管理模式提供了新的契机。企业应把握机遇，在党委（党组）的统一领导下，优化监督顶层设计，实现“大监督”的系统性、协同性、科学性、高效性。建立“大监督”工作协调机制，包括设立“大监督”协调机构，如“监督委员会”“党政联席会”，制定“大监督”工作方案，明确年度重点监督任务，列示联合监督任务清单，做好资源匹配，整合监督力量，形成监督合力。推动“大监督”工作信息共享，在监督工作执行过程中，各监督部门及时共享被监督对象提供资料文件，减轻被监督对象的迎检压力，多方专业监督力量从不同维度更深入地挖掘问题，推动问题的联合整治和监督结果的多方应用，提升监督效率和效能。加强“大监督”人才能力培育，畅通风控、合规、法务、纪检、审计等监督主体之间的人才交流渠道，通过理论知识学习、专业技能培训、业务实践锻炼等多渠道提

高监督部门人员的专业技能，提升监督能力。

（四）落实风险管理要点，深化廉洁风险防控体系

为建立“不敢腐、不能腐、不想腐”党风廉政建设体系，加强企业内部反腐倡廉的党内合规建设，企业应主动作为、积极探索、大胆创新，着力构建制度机制健全、岗位权责清晰、业务流程规范、风险预警及时、防控措施有效、监督惩处有力、文化宣贯到位的廉洁风险防控机制。围绕权力运行路线，在企业重点风险分析中，通过基层员工自我剖析、上级领导科学评估与外部环境评估相结合的方式，从思想道德、岗位职责、业务流程、制度机制、外部环境等不同维度，排查廉洁风险要素，并相应制定防范措施。在权力运行过程中，加大廉洁风险基础信息收集广度和深度，创新廉洁风险监控和预警方式，实现廉洁风险防控关口前移；同时建立并运行好廉洁风险处置机制，及时问责，依规查处，对滥用职权、以权谋私等行为形成有力震慑。

在推动“党建+纪律合规”的深度融合上，各级党组织要起到抓总管总的突出作用，引导这一机制的融合发展。一是要加强组织领导，成立专门的工作领导小组，由企业高层领导和党组织负责人共同担任组长，确保融合工作的统筹规划和有效推进。领导小组负责制定明确的工作计划和目标，并定期进行监督和评估。比如，某大型制造企业成立了由党委书记和总经理牵头的“党建+纪律合规”融合工作领导小组，定期召开会议研究解决融合过程中的重大问题，使得企业在纪律合规管理方面取得了显著成效。二是要注重加强制度衔接，将党建工作的制度要求与纪律合规管理制度相互对接，形成一套统一、规范、有效的管理体系。例如，在制定企业的内部规章制度时，将党的纪律要求和合规管理的原则融入其中，明确违规行为的界定和处罚标准。三是要开展专题培训，组织针对党员和全体

员工的专题培训，内容涵盖党建知识、纪律法规以及合规管理的方法和案例。比如，邀请党校的老师为党员讲解党的最新理论和纪律要求，同时邀请法律专家为员工进行合规管理的培训，通过实际案例分析提高员工的认识和应对能力。四是要建立沟通协调机制，不能把党建工作和纪律合规管理搞成“两张皮”，要加强党组织与企业管理层、合规管理部门之间的沟通协调，定期交流工作情况，共同研究解决问题。例如，每月召开一次由党组织、管理层和合规部门参加的工作协调会，及时通报发现的问题，共同制定解决方案。五是要树立融合的榜样典型，在企业内部挖掘和宣传在“党建+纪律合规”方面表现突出的个人和团队，发挥榜样的示范引领作用。比如，某金融企业评选出了一批严守纪律、合规操作的党员先锋岗，通过内部刊物和表彰大会进行宣传，激发了员工的积极性。六是要经常开展融合式主题活动，可以结合企业实际，开展以“党建+纪律合规”为主题的活动，如知识竞赛、征文比赛等，营造良好的氛围。例如，组织“党建与合规同行”的知识竞赛，激发员工的学习热情，增强其对相关知识的理解和掌握。通过以上多种方式的综合运用，可以有效地推动“党建+纪律合规”在企业中的深度融合，促进企业的健康稳定发展。七是要将融合效果纳入考核评价，建立科学合理的考核评价体系，将党建工作和纪律合规管理的成效纳入部门和个人的绩效考核。比如，某互联网国有企业将部门的党建工作开展情况、纪律合规执行情况与部门绩效挂钩，对个人则在晋升、评优等方面予以考量。

四、“党建+立项攻关”的创新实践

立项攻关是指党组织对于某个项目、课题或困难，组织党员、固定人员成立专门的攻关小组，进行攻关，以求解决，同时，通过立项攻关锤炼党组织队伍，加强基层党的建设。开展立项攻关，可以充分发挥党支部战斗堡垒和党员先锋模范作用，集中解决一批影响全段改革发展的突出问题。“党建+立项攻关”就是要将党的建设工作与解决实际问题、推动创新发展相结合的有效方式。党建工作在其中发挥着引领、组织和保障的重要作用。通过党组织的核心领导，明确攻关的方向和重点，确保攻关项目与党的路线方针政策以及单位的发展战略相契合。立项攻关强调以党员为骨干，组建专业、高效的攻关团队。党员充分发挥先锋模范作用，带头承担关键任务，勇于突破难题。

开展“党建+立项攻关”对国有企业发展具有重大现实意义，也是国有企业各级党组织针对制约企业发展的痛点、难点、堵点的集中冲锋。一是要求党组织在立项攻关中发挥引领作用。首先，要确定攻关方向和重点，党组织通过深入研究党和国家的政策方针，结合所在单位或行业的发展趋势，以及对内部实际情况的全面调研和分析，精准确定立项攻关的方向和重点。例如，在一家能源国有企业中，党组织根据国家对清洁能源的发展要求和企业自身在能源转型中的瓶颈问题，确定了以提高新能源发电效率和稳定性为攻关方向，并将攻克关键技术难题、优化能源存储方案等作为重点任务。党组织还要积极倾听群众的意见和需求，通过开展座谈会、问卷调查等形式，广泛收集员工对企业发展中面临问题的看法，从而使确定的攻关方向和重点更具针对性和实效性。比如，某交通企业党组织在确定提升公共交通服务质量的攻关方向后，进一步将优化公交线路规划、提高车辆准点率等作为重点，以切实解决民众出行的痛点。其次是要组建党员攻关团队，党组织依据攻关项目的专业需求和技能要求，从不同部门和岗位选拔优秀党员和业务骨干，组建跨部门、跨专业的综合性攻关团队。在选拔过程中，充分考虑人员的专业背景、工作经验、创新能力和团队协作精神。比如，一家科技企业党组织在组建芯片研发攻关团队时，不仅从研发部门挑选了资深的技术专家，还从生产、质量控制等部门挑选了熟悉工艺流程和质量标准的党员，形成了一个涵盖多个领域的强大团队。党组织还注重团队成员的年龄结构和知识层次的搭配，以实现经验与创新的有机结合。例如，在一个农业产业化攻关项目中，既有经验丰富的农业专家，也有掌握前沿农业科技的年轻党员，他们共同为项目的成功推进提供了有力保障。二是要求党员在立项攻关中发挥先锋模范作用。要带头承担关键任务，党员在立项攻关中挺身而出，主动承担那些技术难度大、风险高、时间紧的关键任务。他们凭借坚定的信念、扎实的专业知识和勇于创新的精神，为攻关项目的突破贡献力量。比如，在一项重大工程项目中，面对复杂的地质条件和技术难题，党员工程师主动请缨，带领团队日夜奋战，通过不断试验和优化方案，最终成功解决了施工难题，确保了工程的顺利推进。在一些新产品研发的攻关项目中，党员研发人员勇挑重担，承担核心技术的研发工作，不怕失败，反复试验，为产品的成功上市奠定了基础。要主动分享经验和技术。党员在攻关过程中积极与团队成员分享自己的经验和技术，促进团队整体能力的提升。他们通过组织培训、交流研讨会、现场指导等方式，将自己的专业知识和实践经验毫无保留地传授给其他成员。例如，在一个生产工艺改进的攻关项目中，党员技术骨干定期组织经验分享会，向团队成员详细介绍自己在工艺优化方面的思路和方法，帮助大家共同提高解决问题的能力。在一些技术创新项目中，党员研发人员将自己掌握的前沿技术和创新理念与团队成员交流，激发大家的创新思维，共同攻克技术难关。

在推动"党建+立项攻关"过程中，各级党组织要善于将党建工作方法融入立项攻关中。一是要加强立项攻关的思想教育，激发积极性，党组织通过开展主题党日活动、专题讲座、谈心谈话等形式多样的思想教育活动，激发党员和团队成员参与立项攻关的积极性和主动性。例如，在攻关项目启动前，党组织组织开展“不忘初心、牢记使命”主题党日活动，引导党员牢记党的宗旨，以高度的责任感和使命感投入攻关工作中。在攻关过程中，针对团队成员可能出现的疲劳、焦虑等情绪，党组织及时开展谈心谈话，关心关爱团队成员，为他们加油鼓劲，增强他们克服困难的信心和勇气。二是要发挥组织纪律保障的突出作用推动立项攻关工作，国有企业的各级党组织要充分发挥组织纪律的优势，为立项攻关工作提供有力保障，主动担当，以我为主，建立严格的工作制度和流程，明确团队成员的职责和分工，确保各项工作有序推进。比如，制定详细的项目计划和进度安排，定期召开工作例会，对攻关工作进行检查和评估，及时发现和解决问题。对在攻关工作中表现优秀的党员和团队成员进行表彰和奖励，对工作不力、违反纪律的进行批评教育和严肃处理，营造风清气正、积极向上的工作氛围。同时，党组织还要加强对攻关工作的监督和管理，确保项目资金的合理使用、工作成果的真实有效，防止出现违规违纪行为。

国有企业党组织在推动“党建+立项攻关”过程中，往往还存在一些认识偏差，需要我们不断加强，突出党内立项攻关的实际效果。主要存在四个方面问题。一是思想认识不足，认为党内立项攻关是行政性工作，不是党组织的核心任务，部分企业或单位在追求经济效益和业务发展的过程中，将工作重点过多地放在了业务指标的完成上，相对忽视了党建工作的重要性。认为党建工作只是形式上的任务，没有将其与单位的核心业务和发展战略紧密结合。例如，一些地方中小国有企业在日常运营中，很少投入时间和精力开展党组织活动，对党员的教育和管理也较为松散。二是对党内立项攻关的理解偏差，一些党组织和党员对党内立项攻关的内涵和意义认识不清晰，将其简单地视为一项临时性的任务，而没有认识到这是推动党建与业务深度融合、解决实际问题的重要途径。比如，部分党员认为立项攻关只是为了完成上级布置的任务，缺乏主动参与和深入思考的积极性。三是资源保障有限，一些单位在开展党内立项攻关时，仅仅把党内立项攻关作为普通党内活动看待，专业员工队伍参与不多，缺乏最新的技术资料和行业信息，无法及时了解前沿技术动态和市场需求变化，从而影响了攻关项目的创新性和实用性。比如，一些传统制造业在进行技术改造攻关时，因无法获取先进的生产技术信息，导致项目进展缓慢。四是考核评价指标过于单一或片面，侧重于短期成果和量化指标，忽视了项目的长期效益、社会效益和对党建工作的促进作用。例如，只关注项目带来的经济效益增长，而忽略了党员素质的提升和党组织凝聚力的增强。

党建＋范例二

某建筑公司项目部关于提高施工效率的立项攻关

一、背景

某建筑公司的项目部在承接一项大型商业建筑项目时，面临着施工进度滞后、成本超支的严峻挑战。为了确保项目按时交付，项目部党组织决定开展“党建＋立项攻关”活动。

二、攻关项目

“提高施工效率，确保项目按时交付”。

1.党组织的引领作用

确定攻关方向和重点：党组织通过对项目进度计划的详细分析和与各施工班组的深入交流，明确了影响施工效率的主要因素，包括施工流程不合理、设备调配不及时以及人员协作不畅等。

组建攻关团队：从项目经理、技术负责人、施工班组长等岗位中选拔党员骨干，成立攻关小组，并指定一名具有丰富项目管理经验的党员担任组长。

2.党员的先锋模范作用

带头承担关键任务：党员主动负责优化施工流程、建立高效的设备调配机制以及协调各班组之间的协作等关键工作。

分享经验和技术：党员技术骨干定期组织现场培训，向施工人员传授先进的施工技术和操作技巧，提高整体施工水平。

3.党建工作方法的应用

思想教育激发积极性：党组织开展“为荣誉而战”的主题党日活动，强调项目按时交付对公司声誉和个人发展的重要意义，激发党员和员工的斗志。

组织纪律保障工作推进：制定严格的施工纪律和奖惩制度，对遵守纪律、工作表现突出的进行奖励，对违规违纪、消极怠工的进行严肃处理。

三、成果

经过3个月的努力，项目部成功优化了施工流程，设备调配效率显著提高，各班组之间的协作更加顺畅，施工效率大幅提升，项目最终提前一周竣工，为公司节省了成本，赢得了客户的高度赞誉。

五、“党建+创岗建区”的创新实践

“党建+创岗建区”是一种将党建工作和中心工作融合的探索实践，突出重点岗位和重点区域的带头作用，实现党建和企业生产经营同频共振。创岗建区是一种在党组织领导下，通过设立党员示范岗和责任区，激发党员的责任感和使命感，发挥党员先锋模范作用，带动全体员工共同进步的工作方式。创岗建区具有以下特点：一是目标明确性，明确设定岗位和责任区的工作目标和任务，使党员和员工清楚知道自己的职责和努力方向。二是示范引领性，以党员示范岗为榜样，引领广大员工积极投入工作，形成良好的工作氛围。三是责任落实性，将责任具体落实到每个岗位和责任区，确保各项工作有人负责，提高工作效率和质量。四是动态调整性，根据工作实际和人员变化，适时对岗位和责任区进行调整，以适应不同阶段的工作需要。

如何推动国有企业“党建+创岗建区”的深入融合，发挥党建在创岗建区过程中的引领作用？从总体要求来说，第一，要融合管理的目标设定。融合管理的目标应紧扣党组织的中心任务和单位的发展战略，通过党建与创岗建区的深度融合，实现以下几个方面的目标：一是加强党组织建设。提高党组织的凝聚力、战斗力和创造力，增强党组织在单位中的领导核心作用。二是提升党员素质。促进党员的思想政治素质、业务能力和责任意识的全面提升，使党员在工作中更好地发挥先锋模范作用。三是推动业务发展。将党建工作的优势转化为业务发展的动力，解决工作中的重点难点问题，提高工作效率和质量，促进单位各项业务的持续健康发展。四是营造良好氛围。营造积极向上的工作氛围，增强员工的团队合作意识和创新精神，提升单位的整体形象和社会影响力。例如，在一家企业中，融合管理的目标可以设定为通过党员在创岗建区中的积极表现，一年内将产品次品率降低20%，同时员工对党组织工作的满意度提高30%。第二，岗位创建与责任区划分的原则和方法。在开展创岗建区过程中，需要掌握好原则标准，结合实际开展：一是按需设岗原则。根据单位的工作需求和业务特点，设置具有针对性和实用性的岗位。二是能力匹配原则。结合党员的专业技能、工作经验和综合素质，将其安排到能够充分发挥其优势的岗位。三是目标导向原则。岗位创建和责任区划分应以实现单位的整体目标和阶段性任务为导向。四是动态调整原则。根据工作进展和人员变化，及时对岗位和责任区进行调整和优化。另外，在制定创建目标时，要对单位的各项工作进行详细分析，明确工作流程、关键环节和职责要求，为岗位创建和责任区划分提供依据，鼓励党员根据自身能力和意愿自荐岗位，同时党组织根据整体情况进行推荐和调配。在划分责任区时，充分征求党员和群众的意见，通过民主协商达成共识。比如，在一个生产车间，可以按照生产流程设置生产标兵岗、质量监督岗等，将车间划分为不同的责任区，每个责任区由一名党员负责，带领群众完成生产任务和质量控制工作。

在推动“党建+创岗建区”的方法上来看。一是要有融合管理的组织架构与运行机制，在推动创岗建区过程中，要发挥好领导小组的引领作用，由党组织负责人担任组长，相关部门负责人为成员，负责统筹协调融合管理工作。设立工作推进小组，由各党支部书记和业务骨干组成，具体负责创岗建区工作的组织实施和日常管理。同时还要加强监督，建立监督考核小组，由纪检监察部门和群众代表组成，负责对创岗建区工作进行监督检查和考核评价。要定期召开工作会议，加强党组织与各部门之间的沟通协调，及时解决工作中的问题。除此之外，还要针对创岗建区工作的要求和业务知识，定期组织党员培训，提高党员的工作能力和业务水平。建立科学合理的考核评价指标体系，对党员在创岗建区中的表现进行量化考核，考核结果与党员的评先评优、晋升晋级挂钩。对在创岗建区工作中表现突出的党员和责任区进行表彰奖励，激发党员的积极性和创造性。例如，某单位每月召开一次融合管理工作推进会，每季度组织一次党员培训，每半年进行一次考核评价，对表现优秀的党员给予荣誉证书和物质奖励。二是要加强宣传教育与培训。要制订系统的宣传教育计划，明确宣传教育的目标、内容、方式和时间安排，确保宣传教育工作的有序性和针对性。要丰富宣传教育的形式，通过举办专题讲座、主题党日活动、线上学习平台、内部刊物等多种渠道，传播党建与创岗建区融合管理的理念、意义和方法。要开展针对性的培训课程，根据不同岗位和层级的需求，设计涵盖党的理论知识、创岗建区的实践技巧、团队协作能力等方面的培训内容。适当时候还可以邀请专家学者和先进模范进行经验分享，以真实案例和成功经验激发党员和员工的积极性和创造力。例如，定期组织“党建与创岗建区管理”主题讲座，邀请党校教授进行理论解读；利用企业内部网络平台，推送相关学习资料和视频；举办经验交流会，让在创岗建区中表现突出的党员分享心得体会。三是要完善制度建设与执行监督。建立健全融合管理制度体系，明确创岗建区的标准、流程、考核评价方法以及激励措施等，确保有章可循。加强制度的执行力度，通过明确责任主体、加强监督检查、建立问责机制等方式，确保制度得到严格执行。定期对制度进行评估和修订，根据实际执行情况和工作发展的需要，及时对制度进行完善和优化。强化执行监督，成立专门的监督小组，定期对制度执行情况进行检查和通报，及时纠正违规行为。比如，制定《党建与创岗建区融合管理工作手册》，详细规定各项工作流程和标准；每季度对各部门的执行情况进行检查，将检查结果纳入绩效考核；对于违反制度的行为，按照规定进行严肃处理。四是要优化资源配置与协同工作。合理调配人力、物力和财力资源，根据创岗建区的工作重点和实际需求，将资源向关键岗位和责任区倾斜。建立资源共享平台，促进信息、技术、经验等资源在不同岗位和责任区之间的流通和共享。加强部门之间的协同合作，通过建立跨部门工作小组、定期召开协同会议等方式，打破部门壁垒，形成工作合力。优化工作流程，减少不必要的环节和重复劳动，提高工作效率和资源利用效率。例如，为重点责任区配备先进的生产设备和技术人员；搭建企业内部资源共享数据库，方便员工获取所需资源；成立跨部门的项目攻坚小组，共同解决复杂问题；对烦琐的工作流程进行简化和优化，提高工作效率。五是要强化考核评价与激励机制。构建科学合理的考核评价指标体系，综合考虑工作业绩、思想政治表现、群众满意度等多方面因素，确保考核评价的全面性和公正性。实行多元化的考核评价方式，采用自我评价、上级评价、群众评价、绩效数据评估等多种方式相结合，提高考核评价的准确性。加大激励力度，对在创岗建区工作中表现优秀的个人和集体，给予物质奖励、荣誉表彰、晋升机会等多种形式的激励。注重精神激励，通过公开表扬、宣传先进事迹等方式，增强党员和员工的荣誉感和归属感。比如，设立“创岗建区先锋奖”“优秀责任区团队奖”等荣誉称号，并给予相应的奖金奖励；在企业内部宣传栏展示优秀个人和集体的事迹；对表现突出的党员优先考虑晋升和提拔。

党建+范例三

“党建+文明工地创岗建区”实施方案

一、指导思想

以习近平新时代中国特色社会主义思想为指导，深入贯彻落实党的二十大精神，坚持党建引领，将党的建设与文明工地创建相结合，充分发挥党组织的战斗堡垒作用和党员的先锋模范作用，推动工程项目高质量建设，打造文明、安全、优质的施工环境。

二、工作目标

一是通过创岗建区活动，加强党组织在工地的影响力和凝聚力，提高党员的责任意识和服务意识。

二是提升工地的文明施工水平，减少施工对周边环境的影响，树立良好的企业形象。

三是促进工程质量和安全生产，确保项目按时、按质、按量完成。

三、创岗建区设置

1.党员先锋岗

设立在关键岗位和重要工序，如项目经理、技术负责人、质量管理员等。

岗位职责：带头遵守规章制度，严格把控工程质量和进度，解决施工中的技术难题，发挥模范带头作用。

2.安全生产责任区

划分在施工现场的各个作业区域。

责任区职责：负责监督检查安全生产措施的落实情况，排查安全隐患，及时纠正违规操作行为，确保施工安全。

3.文明施工示范区

选择具有代表性的施工区域。

示范区职责：推行标准化施工，保持施工现场整洁有序，控制施工扬尘和噪声，做好环境保护工作。

四、实施步骤

1.宣传发动阶段

召开动员大会，传达“党建+文明工地创岗建区”实施方案的精神和要求。利用宣传栏、标语等形式，广泛宣传创岗建区的目的、意义和内容，营造良好的氛围。

2.组织实施阶段

各岗位和责任区要明确职责和任务，制定工作计划和措施。党员佩戴党员徽章上岗，亮明身份，接受监督。定期组织检查和考核，对表现优秀的党员和责任区进行表彰和奖励，对存在问题的及时督促整改。

3.总结提高阶段

对创岗建区活动进行总结，总结经验教训，查找存在的问题和不足。建立长效机制，将创岗建区活动与日常施工管理相结合，不断巩固和扩大活动成果。

五、保障措施

1.加强组织领导

成立“党建+文明工地创岗建区”活动领导小组，负责活动的组织、协调和指导工作。

2.强化教育培训

定期组织党员和职工进行培训，提高他们的业务水平和综合素质。

3.建立考核机制

制定详细的考核标准和办法，对创岗建区活动进行量化考核，考核结果与个人绩效和评先评优挂钩。

六、“党建+经济思维”的创新实践

深入探讨党建与国企经济思维管理相结合的重要性和创新实践，分析党建在引领国企经济发展、优化管理决策、培养人才队伍等方面的关键作用，具有重要现实意义和战略意义。

（一）“党建+经济思维”面临的问题

提高国有企业各级领导干部的经济思维，既是发展壮大国有企业的客观需要，也是对国有企业领导干部综合素质的新要求。《中国共产党国有企业基层组织工作条例（试行）》把党对国有企业的领导从“政治领导、思想领导、组织领导”上升到“全面领导”，明确国有企业党组织的职责是“把方向、管大局、保落实，研究和决定企业重大事项”，对国有企业党组织领导企业经济工作提出了新的更高要求。国有企业是中国特色社会主义的重要物质基础和政治基础，国有企业党组织其主要任务和基本职责就是把企业经济工作搞好，把国有企业做强做优做大，夯实党执政的物质基础和政治基础。国有企业党组织工作的成效既要看企业党建质量，也要看改革发展成果，归根结底要用生产经营的成果来检验。国有企业长期存在的党建工作和生产经营工作“两张皮”的问题，一个很重要的原因就是有的企业党组织领导经济工作的能力不强，不尊重经济发展规律，单纯用政治工作的方法领导基层党组织开展活动。这就不可避免地形成与生产经营工作“两张皮”的现象，不但对生产经营工作没有促进作用，反而与生产经营工作争时间、争资源，反向影响企业的生产经营效果。这就要求国有企业党组织必须具备很强的领导经济工作的能力，才能出色地完成对国有企业全面领导的职责使命，才能把党建工作与生产经营工作有机融合起来，领导基层党组织和广大党员在企业生产经营管理中发挥战斗堡垒和先锋模范作用，在团结带领广大职工群众推进企业改革发展中发挥主人翁精神，促进企业改革发展目标实现。

（二）党组织书记的经济思维模式

党组织书记作为国有企业中的关键领导角色，经常与企业法人“一肩挑”，其思维模式尤其是经济思维模式直接决定着企业的发展，应努力具备以下经济思维：一是成本效益思维。党组织书记要认识到企业的资源是有限的，在推动党建工作和领导企业发展过程中，须时刻考虑成本与效益的平衡。关注企业生产经营中的成本控制问题。与企业管理层共同探讨降低成本的措施，如优化生产流程、提高资源利用率等，以提高企业的经济效益。二是战略规划思维。结合国家经济发展战略和行业趋势，为企业制定长远的发展规划。党组织书记要深入研究宏观经济形势，把握市场机遇，引导企业在国家重大战略中找准定位，如在“一带一路”建设、乡村振兴等领域积极拓展业务。推动党建工作与企业战略规划深度融合。将党建目标纳入企业战略规划中，通过发挥党组织的政治优势和组织优势，为企业战略的实施提供坚强保障。三是风险防控思维。关注经济风险。了解市场经济中的各种风险因素，如市场波动、政策变化、金融风险等，与企业管理层共同制定风险应对策略。在重大决策中，充分发挥党组织的监督作用，确保决策的科学性和合理性。加强党风廉政建设，防范廉洁风险。

党组织书记要带头落实党风廉政建设责任制，加强对企业内部权力运行的监督，防止腐败行为对企业经济造成损失。四是创新发展思维。研究部署企业创新工作，要认识到创新是企业发展的核心动力，积极营造鼓励创新的氛围。在党建工作中，可以通过开展创新主题活动、设立创新奖励等方式，激发员工的创新热情，推动党建工作创新不断探索适应企业发展需求的党建工作新方法、新途径，如运用互联网技术开展党建活动、与企业创新项目相结合等，提高党建工作的实效性。五是合作共赢思维。加强企业内部合作，促进不同部门之间的沟通与协作，打破部门壁垒，形成合力推动企业发展，党组织书记可以通过组织团队建设活动、开展跨部门项目等方式，增强企业内部的凝聚力和合作意识。历史和现实都表明，着力提高国有企业党组织领导经济工作的能力，是坚持和加强党对国有企业全面领导的题中应有之义。国有企业党组织必须着力提高领导经济工作的能力，才能充分发挥我国国有企业的独特优势，把党的领导、党的建设有效融入公司治理各环节、生产经营全过程，推动国有企业建立中国特色现代国有企业制度，提升发展质量，做强做优做大，壮大国家综合实力，保障人民共同利益。

（三）经济思维模式对国有企业发展的重要性

经济思维模式对国有企业发展的重要性，主要体现在以下几个方面：一是能够提升决策科学性。加强风险评估与控制，经济思维模式使国有企业管理者能够系统地分析和评估各种经济风险，如市场波动、政策变化、行业竞争等。通过对风险的准确识别和量化评估，企业可以制定相应的风险应对策略，降低经营风险，提高决策的稳健性。例如，在进行重大项目投资决策时，运用经济思维模式进行成本效益分析、敏感性分析等，评估项目的可行性和潜在风险，避免盲目投资带来的损失。加强资源优化配置，国有企业拥有大量的资源，包括资金、人力、物力等。经济思维模式有助于企业管理者合理配置这些资源，实现资源的最大化利用。通过对不同业务板块、项目的经济效益进行评估，将资源优先分配给回报率高、发展潜力大的领域，提高企业的整体经济效益。例如，在制定年度预算时，根据各部门和项目的经济贡献度，合理分配资金和人力资源，确保资源的高效利用。二是能够提升市场竞争力。经济思维模式要求企业关注市场动态，分析市场趋势和客户需求。通过对市场的深入研究，国有企业能够及时调整产品和服务策略，满足客户不断变化的需求，提高市场占有率。例如，随着消费者对环保产品的需求日益增长，具有经济思维模式的国有企业会加大对绿色技术的研发和投入，推出环保型产品，以适应市场需求，提升企业的竞争力。经济思维模式鼓励企业进行创新，以提高生产效率、降低成本、开拓新市场。国有企业通过技术创新、管理创新和商业模式创新，不断提升自身的核心竞争力。例如，一些国有企业利用互联网技术创新营销模式，开展电子商务业务，拓展销售渠道，提高市场响应速度。三是能够促进可持续发展。经济思维模式强调企业的长期发展，要求企业制定具有前瞻性的战略规划。国有企业在经济思维模式的指导下，能够综合考虑经济、社会和环境因素，制定可持续发展战略，实现企业与社会、环境的和谐共生。例如，企业在制定发展战略时，不仅要考虑经济效益，还要考虑环境保护、社会责任等因素，推动企业的可持续发展。另外，经济思维模式注重绩效评估和激励机制的建立，以激发员工的积极性和创造力。国有企业通过建立科学合理的绩效评估体系，将员工的薪酬与业绩挂钩，激励员工为企业创造更大的价值。同时，企业还可以通过股权激励等方式，吸引和留住优秀人才，为企业的可持续发展提供人才保障。总之，经济思维模式对国有企业发展具有重要意义。国有企业应积极培养和运用经济思维模式，提高决策科学性，增强市场竞争力，促进可持续发展，为国家经济建设和社会发展作出更大的贡献。

第五章

新时代国有企业党建品牌创建

05

CHAPTER

在新时代的浪潮中，国有企业肩负着重要的使命和责任。创建具有特色和影响力的国有党建品牌，成为推动企业高质量发展、提升党组织凝聚力和战斗力的关键之举。国有企业党建品牌的创建，是对党的建设的创新探索，也是对国有企业发展路径的深度拓展。它不仅是一个名称或一个标识，更是一种价值理念、工作方法和组织文化的集中体现。一个成功的国有党建品牌，应当紧扣时代脉搏，与企业的战略目标和中心工作紧密结合。以“创新驱动，引领未来”为例，这一党建品牌将创新作为核心要素，激励党员在技术研发、管理创新等方面发挥先锋模范作用，推动企业在激烈的市场竞争中勇立潮头。品牌创建过程中，要注重挖掘企业自身的独特优势和文化底蕴。有的国有企业有着悠久的历史传承，可从丰富的发展历程中汲取红色基因；有的国有企业在行业中处于领军地位，能够围绕技术领先、服务卓越等方面打造品牌亮点。比如，某大型国有制造企业，以“匠心筑梦，红色领航”为党建品牌，强调党员职工对工匠精神的坚守与传承，为打造高品质的“中国制造”注入强大动力。同时，要强化品牌的宣传推广。利用企业内部的宣传阵地，如网站、内刊、宣传栏等，广泛传播党建品牌的内涵和价值；积极拓展外部渠道，通过主流媒体、行业论坛等平台，提升品牌的知名度和影响力。例如，通过举办党建品牌发布会、开展主题党日活动等形式，吸引社会各界的关注和支持。

新时代国有企业党建品牌的创建，是国有企业在党的旗帜下砥砺前行的生动实践。它将党的政治优势转化为企业的发展优势，为国有企业做强做优做大提供坚强的政治保障和组织保障。下面，笔者将从国有企业党建品牌的创建、培育、固化、运用和管理几个方面进行分析研究。

一、党建品牌的创建

（一）国有企业党建品牌创建的必要性

1.适应新时代党建工作要求

新时代，党建工作面临着新的形势和任务。随着社会经济的快速发展和科技的不断进步，党建工作的环境、对象、方式都发生了深刻变化。国有企业作为国民经济的重要支柱，其党建工作必须与时俱进，不断创新，创建党建品牌是适应新时代党建工作要求的重要举措，它能够使党建工作更加系统化、规范化、特色化，提高党建工作的质量和水平。品牌创建过程中，可以将新的理念、方法和手段引入党建工作，例如利用互联网技术开展线上党建活动，运用大数据分析党员和群众的需求，从而使党建工作更加精准、高效。同时，党建品牌创建能够更好地贯彻落实党中央关于党建工作的各项决策部署，将党的路线方针政策与国有企业的实际相结合，推动党建工作在国有企业中落地生根，为国有企业的改革发展稳定提供坚强的政治保障。

2.提升国有企业竞争力

在激烈的市场竞争中，国有企业不仅需要依靠经济实力和技术创新，还需要强大的文化软实力和良好的企业形象。党建品牌的创建可以成为提升国有企业竞争力的有力武器。一个具有影响力的党建品牌能够为企业树立良好的形象，赢得社会的认可和信任。它向外界展示了国有企业的政治担当和社会责任，增强了企业的社会声誉和品牌价值。此外，党建品牌创建还能够促进国有企业内部管理的优化和创新。通过发挥党组织的战斗堡垒作用和党员的先锋模范作用，带动全体员工积极参与企业的生产经营和管理创新，提高工作效率和质量，降低成本，提升企业的核心竞争力。同时，党建品牌所蕴含的价值观和企业文化能够凝聚员工的力量，激发员工的创造力和工作热情，形成强大的团队合力，共同为实现企业的战略目标而努力奋斗。

3.增强党组织凝聚力和影响力

国有企业党建品牌的创建对于增强党组织自身的凝聚力和影响力具有重要意义。首先，党建品牌创建为党组织开展活动提供了一个明确的主题和方向，使党组织的各项工作更加具有针对性和实效性。通过打造特色鲜明的党建品牌，能够吸引更多的党员和群众参与到党组织的活动中来，增强党组织的吸引力和号召力。其次，党建品牌创建过程中，党组织需要不断加强自身建设，提高组织的战斗力和执行力。这包括加强党员教育管理，提高党员素质，完善党组织工作机制等。通过这些努力，党组织能够更好地发挥领导核心作用，增强在企业中的地位和影响力。最后，一个成功的党建品牌能够在党员和群众中产生强烈的认同感和归属感。它让党员和群众深刻感受到党组织的关怀和温暖，增强对党组织的信任和依赖，从而进一步凝聚人心，汇聚力量，为党组织的发展壮大提供坚实的基础。综上所述，国有企业创建党建品牌具有适应新时代党建工作要求、提升企业竞争力、增强党组织凝聚力和影响力等多方面的必要性，是推动国有企业党建工作高质量发展的重要途径。

（二）国有企业党建品牌的创建

1.明确品牌定位

一是结合企业使命、愿景和价值观。国有企业的使命通常与国家战略和社会发展紧密相连，党建品牌的定位应与之呼应，突出党组织在引领企业履行使命、实现国家和社会期望方面的核心作用。例如，一家以推动国家能源转型为使命的国有企业，其党建品牌可定位为“能源先锋，党建引领绿色转型”，强调党组织在引领能源创新和可持续发展中的主导地位。描绘了企业未来理想状态的愿景，党建品牌定位要为实现这一愿景提供强大的政治保障和组织动力。若企业愿景是成为全球领先的科技型企业，党建品牌可以定位为“科创领航，党建筑梦未来”，体现党组织在推动科技创新、助力企业达成愿景中的引领作用。价值观是企业行为的准则和导向，党建品牌定位应与之契合，融入并弘扬党的价值观，如忠诚、担当、奉献等。比如，企业价值观强调诚信与责任，党建品牌可定位为“诚信担当，红色基因铸魂”，彰显党组织对企业坚守诚信、勇担责任的引领和监督。二是考虑行业特点和市场需求。不同行业的国有企业具有各自的特点和规律。在能源行业，党建品牌可围绕保障能源供应、推动能源安全与清洁发展来定位；在交通行业，可侧重于党组织在构建高效便捷交通网络、服务人民出行方面的作用。例如，一家交通领域的国有企业，其党建品牌定位为“畅行先锋，党徽闪耀交通线”，突出党组织在保障交通畅通和提升服务质量中的关键角色。市场需求也是确定党建品牌定位的重要因素。随着市场对企业社会责任的关注度不断提高，党建品牌可定位在引领企业履行社会责任、参与公益事业等方面。若市场对创新和品质有较高需求，党建品牌可侧重于激发党员在技术创新、质量提升中的模范带头作用，如“创新引领，党建驱动品质升级”。

2. 制定品牌理念和目标

一是要充分体现党的指导思想和工作原则。党建品牌理念要充分体现习近平新时代中国特色社会主义思想，以党的最新理论成果为指导，确保品牌建设的方向正确、政治坚定。例如，以人民为中心的发展思想可融入品牌理念，如“人民至上，党建暖心服务”，强调党组织在推动企业服务人民、造福社会方面的工作导向。遵循党的工作原则，如民主集中制、密切联系群众等，将其贯穿于品牌理念之中。比如，“民主决策，党建凝聚智慧”体现了民主集中制原则在党建品牌中的运用，强调党组织通过民主决策汇集群众智慧，推动企业发展。贯彻全面从严治党的要求，品牌理念可包含加强党风廉政建设、严肃党内政治生活等内容，如“清风正气，党建筑牢廉洁防线”，突出党组织在营造风清气正政治生态中的重要职责。二是要设定可衡量的短期和长期目标。短期目标应具体、明确，具有可操作性和可实现性。可以是在一定时间内提升党员参与党建活动的比例、完成特定的党建项目或解决某个突出的党建问题。例如，在半年内将党员志愿服务活动的参与率提高30%，或者在3个月内完成党组织规范化建设的若干指标。长期目标要具有战略性和前瞻性，与企业的发展战略相匹配。可以是打造具有行业影响力的党建品牌、推动企业党建工作达到国内领先水平或在若干年内持续提升党组织在企业发展中的引领作用和贡献度。比如，设定在五年内使党建品牌成为行业内的标杆，为企业创造显著的经济效益和社会效益。为确保目标的可衡量性，应制定相应的指标体系和评估标准。如用党员满意度、群众认可度、企业业绩增长等指标来衡量党建品牌建设的成效。

3.设计品牌标识和形象

一是党建品牌要具有独特性和识别性。品牌标识的设计要避免与其他常见标识的雷同，突出国有企业党建的特色和个性。可以从企业的历史、文化、业务特点等方面汲取灵感，创造独特的视觉元素。例如，一家具有悠久历史的国有企业，可以将企业发展历程中的重要元素融入党建品牌标识，展现其深厚的底蕴和传承。运用独特的色彩、图形和字体组合，使标识在视觉上具有强烈的冲击力和吸引力。比如，采用鲜艳的红色为主色调，搭配简洁有力的线条和独特的字体，形成易于记忆和识别的标识。考虑标识在不同媒介和场景中的应用效果，确保其在各种尺寸和材质上都能保持清晰和独特。二是党建品牌要符合党建主题和企业文化。品牌标识应紧扣党建主题，融入党的元素，更直观地传达党建品牌的属性。例如，以党徽为核心元素，结合企业的特色图形，形成一个富有寓意的党建品牌标识。与企业文化相融合，体现企业的价值观、精神内涵和发展理念。若企业倡导创新、拼搏的文化，标识设计可以体现出积极向上、勇于突破的形象。三是品牌形象的塑造要包括品牌名称、宣传口号、视觉形象等多个方面的统一协调。宣传口号要简洁明了、富有感染力，能够准确传达品牌的核心理念。例如，“红色引擎，驱动企业腾飞”这样的口号，既突出了党建的引领作用，又与企业发展紧密结合。通过以上对国有企业党建品牌创建三个方面的详细阐述，能够为品牌创建工作提供更具体、深入的指导，确保党建品牌的定位精准、理念清晰、形象鲜明，为国有企业党建工作注入新的活力和动力。

二、党建品牌的培育

（一）加强组织建设

一是要优化党组织架构。对党组织的层级和部门设置进行科学规划，确保决策高效、指挥顺畅。例如，根据企业业务板块和工作流程，合理划分党支部或党小组，使党组织的覆盖更加全面精准。建立健全党组织的沟通协调机制，促进各部门之间的信息共享与协作。如定期召开党组织工作协调会，解决工作中的交叉和衔接问题。二是要提升党员素质。加强党员的思想政治教育，通过定期组织集中学习、专题讲座等方式，深入学习党的理论和路线方针政策。比如开展“党的最新理论每月一学”活动。提供多样化的培训和发展机会，提升党员的业务能力和综合素质。可以举办技能培训班、选派优秀党员参加外部培训课程等。

（二）丰富品牌内涵

结合企业特点和员工需求，策划具有创新性和吸引力的特色党建活动。比如组织“党员先锋岗”评选活动，激励党员在工作中发挥模范带头作用。开展主题党日活动，如“走进红色教育基地”“志愿服务日”等，增强党员的党性修养和社会责任感。要推动党建与业务深度融合，建立党建与业务工作同谋划、同部署、同落实、同考核的工作机制。以项目为例，在项目启动时同步设立党建工作目标，确保党建工作贯穿项目始终。鼓励党员在业务工作中带头创新，攻克难题。比如成立党员技术攻关小组，解决企业生产经营中的关键技术问题。

（三）强化宣传推广

要利用企业内部的宣传栏、电子屏等展示党建工作成果和优秀党员事迹，编发党建工作简报、内刊，定期通报党建品牌培育的进展和亮点，组织党建工作经验分享会、座谈会，促进党员之间的交流与学习。要积极向行业媒体投稿，宣传企业党建品牌的特色和成效，利用社交媒体平台，如微信公众号、微博等，发布党建工作动态和成果，扩大品牌影响力，积极参与地方党建工作交流活动，展示企业党建品牌形象，学习借鉴先进经验。

三、党建品牌的固化

（一）建立品牌制度和规范

要明确党建品牌的定位、目标和核心价值，为党建品牌的发展提供清晰的指导方向。例如，规定品牌的使命是“引领企业发展、凝聚员工力量、践行社会责任”。制定品牌的使用规则，包括品牌标识的使用、宣传口径的统一等。比如，规定在所有宣传材料中，党建品牌标识的尺寸、颜色、位置都要符合特定标准。建立品牌维护机制，对可能损害品牌形象的行为进行监督和纠正。比如，设立专门的品牌监督小组，及时处理违反品牌管理办法的行为。要制定党建活动的质量标准，确保每次活动都能达到预期效果。例如，规定主题党日活动要有明确的主题、充实的内容、良好的参与度和显著的教育意义。设定党员服务的质量标准，包括服务态度、服务效率、服务效果等方面。比如，要求党员在为群众办实事时，要在规定时间内解决问题，并得到服务对象的满意评价。建立党建工作成果的评估标准，以客观数据和实际效果来衡量党建品牌的质量。可以设定如党组织凝聚力提升的具体指标、业务工作中党员先锋模范作用发挥的量化标准等。

（二）形成品牌文化

将党建品牌的价值观与企业文化的核心价值观相融合，形成统一的价值导向。比如，企业文化强调“创新、卓越、合作”，党建品牌文化则突出“创新引领发展，卓越追求进步，合作凝聚力量”。在企业的行为规范、规章制度中体现党建品牌文化的要求。例如，在员工绩效考核中，将对党建品牌文化的践行情况作为重要考核指标。利用企业的文化活动载体传播党建品牌文化，如在企业的文艺演出中编排体现党建品牌文化的节目。要培养员工的品牌认同感，通过开展品牌文化培训，让员工深入了解党建品牌的内涵和意义。例如，举办“党建品牌文化讲堂”，邀请专家进行解读。树立品牌文化践行的榜样，激励员工向榜样学习。比如评选“党建品牌文化之星”，并进行表彰和宣传。鼓励员工参与党建品牌文化的建设和传播，增强员工的归属感和自豪感。可以开展“我为党建品牌文化建言献策”活动，收集员工的意见和建议。

（三）持续创新与改进

密切跟踪行业发展动态和市场趋势，及时调整党建品牌的策略和活动内容。比如，在数字化转型的背景下，开展“党建引领数字化创新”的系列活动。认真学习领会党中央关于党建工作的最新精神和要求，确保党建品牌始终保持正确的政治方向。例如，根据新时代党的建设总要求，不断丰富党建品牌的内涵。建立科学的评估指标体系，综合考虑党组织建设、党员作用发挥、企业发展成果等多方面因素。比如，设置党组织活力指数、党员先锋指数、企业发展绩效指数等指标。采用多种评估方法，如问卷调查、访谈、数据分析等，全面了解党建品牌的实施效果。可以定期对党员和群众进行满意度调查，了解他们对党建品牌的看法和建议。根据评估结果，总结经验教训，及时改进党建工作中的不足之处。比如，针对评估中发现的党员教育效果不佳的问题，优化教育内容和方式。

四、党建品牌的运用

（一）促进企业发展

要提升党建引领战略规划水平，以党建品牌所蕴含的价值观和理念为指导，制定企业的长期发展战略。例如，党建品牌强调“创新驱动，绿色发展”，那么企业战略规划中就应明确在技术创新和环保方面的投入和目标。发挥党组织的决策优势，确保战略规划的科学性和可行性。比如，在制定战略规划时，充分征求党组织成员的意见，进行深入的市场调研和风险评估。通过党建活动宣传战略规划，使全体员工理解并认同企业的发展方向，可以组织战略规划解读会、主题党日活动等。要推动业务创新，鼓励党员带头开展业务创新，设立创新项目“党员先锋队”。比如在新产品研发中，由党员带领团队攻克技术难题。以党建品牌为依托，营造鼓励创新的企业文化氛围。例如，举办“党建引领创新大赛”，对优秀的创新成果进行表彰和推广；建立创新激励机制，将创新成果与员工的绩效评价、晋升挂钩，激发员工的创新积极性。

（二）加强员工激励

积极树立榜样和模范，评选在工作中表现突出、践行党建品牌理念的党员作为榜样模范。例如，评选“年度党建之星”，并在企业内部进行广泛宣传。分享榜样模范的成功经验和故事，激励更多员工向他们学习。可以组织经验交流会、事迹报告会等活动，为榜样模范提供更多的发展机会和资源支持，进一步发挥他们的引领作用。要开展与党建品牌相关的激励活动，设立与党建品牌相关的奖项，如“优质党建品牌奖”“党建品牌践行奖”“优秀党员服务奖”等。以党建品牌为主题，开展劳动竞赛、技能比武等活动，对表现优秀的员工给予奖励。比如，在生产部门开展“质量先锋”竞赛，鼓励员工提高产品质量；组织员工参与党建品牌建设的表彰大会，增强员工的荣誉感和归属感。

（三）提升社会形象

结合党建品牌的特点，开展具有特色的公益活动。例如，党建品牌强调“关爱民生”，可以组织员工参与扶贫助困、教育帮扶等活动。积极响应国家号召，参与重大社会事件的救援和支持工作。比如在自然灾害发生时，迅速组织力量参与抢险救灾。加强与公益组织的合作，提升社会责任活动的影响力和效果。要通过党建品牌的宣传和展示，向投资者、合作伙伴等利益相关者传递企业的价值观和发展理念，增强他们对企业的信任和支持。例如，在与投资者的交流会上，介绍党建品牌在企业发展中的引领作用，邀请利益相关者参与企业的党建活动，增进相互了解和沟通。比如举办“党建开放日”，邀请合作伙伴参观企业党建成果，以党建品牌为纽带，与地方、政府等建立良好的合作关系，为企业发展创造有利的外部环境。

五、党建品牌的管理

（一）建立管理机制

一是明确管理职责和流程。确定各级党组织在党建品牌管理中的具体职责，例如党委负责党建品牌的整体规划和决策，党支部负责品牌活动的组织实施。制定详细的工作流程，涵盖品牌策划、推广、执行、反馈等环节。比如品牌策划阶段，需要经过充分调研、多轮讨论、上级审批等流程。明确跨部门协作的流程和协调机制，确保各部门在党建品牌管理中协同高效。例如，宣传部门与业务部门合作推广品牌时的沟通流程和分工安排。二是设立监督和评估机制，建立定期的监督检查制度，对党建品牌工作的执行情况进行检查。例如，每月对党支部开展的品牌活动进行检查和指导。制定科学合理的评估指标体系，全面评估党建品牌的效果。比如，从党组织活力、党员参与度、群众满意度、对企业发展的促进作用等方面设定评估指标；组织内部和外部的专家进行评估，确保评估的客观性和公正性。可以邀请上级党组织的领导、党建专家、企业职工代表等共同参与评估。

（二）处理品牌危机

不同企业的党建品牌内涵不同，可能产生的危机也不尽相同。比如，建筑央企可能存在的品牌危机主要有安全事故危机、工程质量危机、环水保危机、信访维稳危机、党员领导干部廉洁建设危机、相关社会现象危机等。所以，要求不同企业要建立敏感的信息监测系统，及时发现可能引发品牌危机的潜在因素。比如，通过关注网络舆情、员工反馈、媒体报道等渠道，收集相关信息。所以，这就需要我们制定危机预案，明确在不同类型危机发生时的应对步骤和责任分工。例如，针对党员违纪事件制定专门的危机预案，同时加强对党员和员工的教育培训，提高他们的危机意识和应对能力。在危机发生后，迅速成立危机应对小组，统一口径，及时发布准确信息。比如，企业出现负面舆情时，第一时间通过官方渠道发表声明，澄清事实。采取积极的措施解决问题，消除危机的影响。例如，对于因工作失误导致的品牌危机，及时纠正错误，对相关责任人进行处理，并向公众道歉，并做好危机后的形象修复工作，通过正面宣传、公益活动等方式重塑品牌形象。

（三）品牌的维护与升级

首先，做到资源保障到位，确保党建品牌工作有足够的人力投入，配备专业的党建工作者和品牌管理人员，要设立专项经费，用于品牌推广、活动开展、培训等工作。比如，每年划拨一定比例的预算用于制作党建品牌宣传资料，要提供必要的场地、设备等硬件资源支持。其次，要善于运用现代信息技术，如大数据、云计算、新媒体等，提升党建品牌的管理和推广效率。例如，利用大数据分析党员和群众对品牌的需求和反馈。要善于开发党建品牌管理的信息化平台，实现品牌工作的在线管理和数据共享，借助新技术创新党建品牌的活动形式和传播方式，增强品牌的吸引力和影响力。比如，开展线上党建知识竞赛、直播党课等活动。

党建品牌范例一

构建“4222党建引领+”工作机制 推动企业高质量发展[①]

中国华能煤业有限公司

为进一步再学习再领会再落实全国国有企业党的建设工作会议精神，落实国务院国资委“中央企业党建引领深化年”工作部署和中国华能集团公司年度工作会议、党的建设工作会议精神，中国华能煤业有限公司（以下简称“华能煤业公司”）扎实开展“党建引领+”主题实践活动，探索形成“4222党建引领+”工作机制，把党建工作与企业生产经营工作相融合，是党组织和广大党员发挥作用的有效平台，有效助推企业高质量发展。

一、背景

新形势下，国有企业坚持党的领导、加强党的建设总要求明确指出，坚持服务生产经营不偏离，把提高效益、增强企业竞争力、实现国有资产保值增值作为国有企业党组织工作的出发点和落脚点，以企业改革发展成果检验党组织的工作和战斗力。进入“十四五”时期，中国华能集团公司踏上“二次创业”新征程，提出“六个新领先”战略目标和“六个牢牢把握”工作要求，华能煤业公司认真贯彻落实集团公司发展战略目标和工作要求，提出“安全为零、产能过亿、利润百亿”奋斗目标，引导各级党组织和广大党员干部在推动安全生产、提质增效、生产保供、企业发展、深化改革、科技环保等重点工作中争先锋做表率，为公司顺利完成“A级”考核目标提供坚强保证，以高质量党建推动公司高质量发展。

① 案例来源：中国华能煤业有限公司党委。

二、主要做法

华能煤业公司聚焦生产经营、改革发展中心等工作，找准“党建引领+”工作结合点、构建工作机制、充分发挥党组织和党员作用，有效解决改革发展中的大事难事。

（一）找准“四个点”，促进党建与中心工作融合

党建引领引的是思想、作风和目标。华能煤业公司找准“党建引领+”工作发力点和落脚点，重点在“+”上做文章，用党建工作的力度、强度，引领全年任务高质量完成。

1.找准工作“结合点”，围绕中心作部署

认真研究年度工作会议上关于安全生产、提质增效、生产保供、企业发展、深化改革和科技环保等方面重点工作任务，将工作难点、重点和关键点纳入“党建引领+”工作内容，研究制定《华能煤业公司“喜迎二十大、奋进新征程”深化“党建引领+”主题实践活动实施方案》，围绕全年六个方面重点工作进行部署，明确工作目标。

2.找准工作“突破点”，层层分解再细化

基层各单位结合工作实际，制订工作计划，进一步分解细化任务目标，通过分解确保各级党组织有担子、有任务、有措施、能落实。

3.找准工作“着力点”，划定范围明责任

成立主题实践活动领导小组，明确六个方面工作的牵头部门和分管领导，明晰责任清单，厘清职责边界，确保工作不挂空挡，任务不原地打转。

4.找准工作“关键点”，建立考核机制强保障

建立“党建引领+”年度考核评价机制，将评价结果直接计入党建责任考核“加分项”。采取考核二级单位、延伸抽查基层煤矿党委的方式综合评价，对“党建引领+”工作开展情况进行综合考评，考评实行百分制，视各项任务完成效果，对综合得分为优秀的单位在党建责任制考核中加分。

（二）通过“两种方式”，创建活动品牌和机制

把“党建引领+”工作与重大工程、重要项目、重点工作相结合，树品牌、建机制，引领党建工作走深走实。

1.树立党建品牌

在全公司范围内推行建立“一支部一品牌”机制，各基层党支部聚焦本支部工作特点、工作领域，分别建立支部品牌，以品牌效应引领中心工作质量提升，公司系统建立支部品牌累计441个。在生产、环保领域的党支部设立“科技驱动党支部”，在销售、采购领域的党支部设立“拓销增收党支部”，提出品牌理念、行为规范和目标要求，引导支部党员树立品牌意识、提升品牌观念，以实际行动诠释品牌价值。

2.创新工作机制

围绕公司重大项目建设，推出“党建联建共建”机制。在某重大项目中，认真分析该项工程工期紧、任务重、协调难度大的工作实际，牵头建设单位、施工单位、监理单位组建临时党支部，健全组织体系，将相关单位党员纳入统一管理，围绕项目建设中的技术难题、手续办理、质量提升，组织支部党员技术攻关，确保项目高质量建设、高效率推进。

（三）搭建“两个平台”，充分发挥党组织和党员作用

通过支部结对共建、党员“区岗队组”创建，丰富“党建引领+”主题实践活动载体，充分发挥基层党支部战斗堡垒作用，为全体党员搭建先锋模范作用发挥的平台。

1.建好结对共建平台

公司各层级机关党支部分别与基层党支部“结对子”，签署《结对共建协议》300余份，先后开展学习交流、主题党日、成立党员突击队（攻坚小组）、专题党课、互学互鉴等活动，把党支部建在重大工程、重要项目、重点任务攻坚第一线，工作过程中将党支部优秀履职项目创建与主题实践活动有机结合，

全过程全方位对接、跟踪、督导所结对党支部开展工作，全面提升党支部服务中心工作质量。

2.搭建“区岗队组”载体

各党支部结合自身工作实际，组建321个党员责任区、347个党员示范岗、129支党员突击队、89个党员攻关组，让党员作用发挥在日常，发挥在助推企业发展的重点难点工作当中。例如，在某煤矿成立“3506工作面扩掘安装一体化党员攻关组”，攻克了27度大倾角冲击地压厚煤层开切眼综掘技术的各类难题，缩短了巷道施工工期，减少了用工人数、材料消耗。某综采队党支部技能标兵示范岗宫某某，以十余年的综采机“老司机”经验，为其他综采机组司机作出了示范。

（四）推行“两种措施”，助推奋斗目标顺利实现

把“党建引领+”工作重点放到解决制约改革发展的大事难事和年度奋斗目标上来。

1.推行“揭榜挂帅”

积极动员专业素质高、管理能力好的党员围绕科技攻关、流程优化、效益提升等工作，开展“揭榜挂帅”，让党员专业技能充分发挥。如在煤炭保供工作中，公司各级党员紧紧抓住产量这个全年工作的核心任务，努力克服长周期高强度生产带来的一系列困难，优化生产组织，强化调度指挥，严肃月度考核，合理安排采掘接续和设备检修，大幅提升煤炭生产效率，发挥了央企“压舱石”和“稳定器”作用。

2.推行“挂牌督战”

针对改革发展中的重大工程、重要项目等大事难事，引导党员领导立“军令状”，压紧压实相关责任，切实发挥协调联系、组织推动、示范引领的“头雁”作用，把联系点工程、项目结合起来，统筹各方面力量，定期研究、推动落实。活动开展以来，各级党组织建立224个“挂牌督战”“揭榜挂帅”项目，有效推动煤炭产业产能核增，充分释放产能，为“稳价保供”作出积极贡献。

经过不懈努力、攻坚克难，有效促进了公司煤炭产量、销量、营业收入、利润、营收利润率、归母利润率、全员劳动生产率、经济增加值等指标再创历史新高，“党建引领+”主题实践活动取得优异成绩。

三、工作启示

（一）融入中心是根本

《中国共产党章程》明确规定，国有企业党委（党组）发挥领导作用，把方向、管大局、保落实，依照规定讨论和决定企业重大事项。通过“党建引领+”主题实践活动使党的建设与企业中心工作有效融合，持续用党的创新理论武装头脑、用科学理论指导实践，把党建工作的政治优势、组织优势、群众优势有效转化为推进企业的发展优势，让党建工作产生“看得见”的效果，用企业发展成效检验党的建设工作成效，让党的建设工作覆盖到企业生产经营发展的各方面，为企业发展奠定良好基础，党的建设工作才能彰显旺盛的生命力，企业也能更好更快发展。

（二）夯实基础是核心

党的组织体系的根基在基层，党联系群众的桥梁和纽带在基层，党的工作最坚实的力量支撑也在基层。“党建引领+”主题实践活动也是检验基层党组织是否坚强过硬的“试金石”，本次主题实践活动证明，基层党组织坚强有力，企业生产经营成绩必定优异。所以，建设组织完整、作风过硬、上下贯通、执行有力党的组织体系是“党建引领+”工作扎实开展的核心内容。把党的组织建设好、党员队伍管理好，各级党组织和广大党员在引领企业改革发展的实践中就始终能够保持强大的领导力、执行力和战斗力。

（三）引领示范是关键

改革需要先锋、奋进需要榜样。一名党员就是一面旗帜，鼓励调动广大党员的干事热情，需要在示范引领上下功夫。在“党建引领+”各项工作中，基层党委要给基层党支部指出引领示范的方向，基层党支部要为全体党员提供示范引领的平台，让基层组织战斗有方向、让全体党员示范有平台。选树好党员先进榜样，宣传好党员示范引领的优异成绩，让榜样力量广泛辐射，让典型事迹广为传播，在全体职工中形成比学赶超浓厚氛围，集聚更多智慧和力量助力企业高质量发展。

（四）发挥作用是目的

发挥先锋模范作用是每名党员的应尽之责。各级党组织要突出增强政治功能和组织力，不断提升党的政治领导力、思想引领力、群众组织力，有效把党组织和党员的积极性调动起来，把战斗堡垒作用和先锋模范作用发挥出来，让党员职工都能紧紧围绕企业改革发展履职尽责，把智慧和力量持续凝聚到重要工作上来，企业发展将在高质量发展道路上破浪前行。

四、构建“党建引领+”长效机制的思考

“党建引领+”主题实践活动是把党建工作与企业生产经营工作相融合的有效载体，是党组织和广大党员发挥作用的有效平台，必须在实践基础上，不断总结经验，持续巩固深化，建立“党建引领+”活动长效机制，以生产经营工作的优秀业绩，检验党建工作成效，为全面建设社会主义现代化国家、全面推进中华民族伟大复兴作出积极贡献。

（一）明确目标，找准定位

坚持以习近平新时代中国特色社会主义思想为指导，认真贯彻落实党的二十大精神，巩固拓展习近平总书记全国国有企业党的建设工作会议重要讲话精神贯彻落实成果，将制约企业改革发展的重大事项作为党组织、党员的奋斗目标，找准党组织和党员在“党建引领+”工作中的定位，持续示范引领，促进企业各项发展目标顺利实现。

（二）因企施策，分类指导

各级党组织所在的工作地域不同、生产条件不同、经营状况不同，要因地制宜、因企施策，针对不同情况制定不同方案、采取不同措施，有效促进党建工作融合。上级党组织要对下属党组织制定的工作方案及时指导，确保方案在方式方法、载体平台上符合本单位工作实际，在统筹推进过程中，充分彰显党组织战斗堡垒和党员先锋模范作用。

（三）强化领导，统筹推进

“党建引领+”工作想要取得预期效果，就需要建立上下贯通、执行有力、健全完善的组织领导体系，让党委委员、党员干部有效参与到各项工作当中，强化担当、履职尽责，“党建引领+”就会形成良好工作局面。要通过推进会、经验交流会等形式，及时掌握基层工作开展情况，总结梳理工作中的好经验好做法，做好推广运用，形成常抓不懈、久久为功的“党建引领+”齐抓共建生动局面。

（四）创新载体，丰富形式

载体和形式是“党建引领+”工作取得实效的重要保障。要坚持在实践中不断丰富和创新“党建引领+”的实践内容、实施路径和实践载体，结合党内即将开展的主题教育，持续加强“一支部一品牌”创建，深化“区岗队组”创建和支部结对共建，将“党建引领+”工作开展情况纳入支部“三会一课”“主题党日”等党内政治生活，汇报工作进展，查找问题不足，剖析思想根源，促进“党建引领+”走深走实。要进一步优化考评机制，树立鲜明导向，不断提升工作实效。

党建品牌范例二

党建引领促落实　品牌赋能创标杆①

国家能源集团宁夏煤业公司烯烃二分公司

新形势下，国家能源集团宁夏煤业烯烃二分公司围绕“中心工作要我做

① 案例来源：国家能源集团宁夏煤业公司烯烃二分公司党委。

什么，我要怎么做”这个根本问题，遵循“品牌谋划定位—品牌培育建设—品牌评估考核—品牌推广提升”的建构逻辑，通过建章立制，强化制度保障，通过矩阵式建设，探索未来进路，通过深入融合，增强品牌效应，努力做到与安全生产、经营管理、文化建设、基层治理、人才培养、服务群众同步，切实打造“站得住”“打得响”的“新烯望”党建品牌，不断彰显党建工作的政治价值、经济价值、文化价值、社会价值，推动企业党政工作向高水平、高质量的双高轨道发展。

一、“新烯望”党建品牌的创建背景

宁夏煤业烯烃二分公司成立于2016年5月，2018年8月转入生产运营。2022年，宁夏煤业烯烃二分公司立足企业禀赋，结合党建实际，从贯彻党的十九大、二十大精神的时代之要，落实新时代党的建设总要求的创新之举，高质量发展走在全国同行前列的实践之需，党建工作质态发展跃升和全面进阶的内涵之选等方面全面考量，制订了《党建工作创标杆三年行动计划》，作出了创建“新烯望”党建品牌的重大决策，开启了打造“1+10+N”党建品牌矩阵的探索之旅。

（一）创建党建品牌是全面从严治党的需要

党的二十大报告指出：“坚持大抓基层的鲜明导向，把基层党组织建设成为有效实现党的领导的坚强战斗堡垒。”国有企业作为国家治理体系的重要组成部分，因党而生、跟党创业，为党和国家事业发展建立了卓越功勋，是中国特色社会主义的重要物质基础和政治基础，是我们党执政兴国的重要支柱和依靠力量。创建党建品牌，以加强党的长期执政能力、先进性和纯洁性建设为主线，通过有机整合与提炼升华党建工作的亮点、特色、成果、经验和规律等，能够实现党建工作从零散到系统，从无序到结构，从特点到特色的转变。因此，党建品牌创建是强化基层党的领导、促进基层治理和高质量发展的重要抓手，是新时代国有企业持续深化党建工作、丰富党建内容、优化党建方式的有效创新路径。

（二）创建党建品牌是实现高质量发展的需要

习近平总书记在全国国有企业党的建设工作会议上指出：“坚持建强国有企业基层党组织不放松，确保企业发展到哪里、党的建设就跟进到哪里、党支部的战斗堡垒作用就体现在哪里，为做强做优做大国有企业提供坚强组织保证。”近年来，宁夏煤业烯烃二分公司党委锚定高质量发展目标，遵循“四强化、六提升”党建工作总体思路，着力打造活力、争先、智慧、质量、温度“五型”党建，构建完善组织、责任、考核、制度“四个”体系，企业发展呈现资产规模变大、结构布局变优、质量效益变高、支撑作用变强、企业形象变美、员工生活变好的良性态势。实践证明，推进企业治理体系和治理能力现代化，必须依靠高质量的党建去引领、推动和保障。创建党建品牌，运用品牌管理的理念，通过有效践行集团战略、文化、方针、管理原则、经营措施等，能够有效提升党委领导力、支部战斗力、干部执行力，为企业高质量发展提供组织保证、思想保证、制度保证。

（三）创建党建品牌是提升党建质量的需要

宁夏煤业烯烃二分公司成立时间短，党务人员绝大多数由基本建设期人员转岗而来，缺乏党建工作的经历和经验。经过几年的努力实践，虽然其党建工作走在了宁夏煤业公司系统内前列，但仍然存在一些不足。比如，党务人员用党建工作的方法解决生产经营问题的意识不强，党建工作与中心工作同题共答、同频共振的成效不明显；党建工作顶层设计和系统谋划不够，党支部工作各自为战，党员引带欠缺章法，党建源动力发挥不足；党建基础工作仍有短板，规范性、标准化不高，基层组织示范带动作用发挥不够充分。以创建党建品牌为抓手，推动党建与企业生产经营深度融合，真正实现以高质量党建引领企业高质量发展，就是央企基层党委的责任担当和务实之举。

二、“新烯望”党建品牌的创建实践

宁夏煤业烯烃二分公司党委从政治引领、特色彰显、组织锻造、创新驱动和文化感召五个方面着力，创新推进党建品牌创建工作。

（一）推进政治引领“新烯望”

坚持抓好党员干部职工的学习教育，持续提升思想政治工作的政治引领力。制定实施《“新烯望”特色品牌创建方案》，并定期开展回顾评估。聚焦加强党员干部党性教育、素质教育，开发出了“学好百年党史，汲取前行力量”“社会主义是干出来的”“此心向党，信我所仰”等特色课程，搭建“烯望红讲堂”“赋能论坛”两大阵地开展课程讲授。组织“探访初心，聚焦百万”“走进闽宁镇，感悟山海情”理想信念教育，连续五年举办“社会主义是干出来的”素质提升培训班，引导党员干部深刻领悟“两个确立”的决定性意义，增强“四个意识”、坚定“四个自信”、做到“两个维护”。制定《推动党史学习教育常态化长效化实施方案》《推进习近平新时代中国特色社会主义思想“大学习大普及大落实”实施方案》等系列文件，保障党史学习教育、党的创新理论学习常态化，1项党建创新成果成为唯一入选宁夏“大学习、大讨论、大宣传、大实践”典型企业案例。

（二）推进特色彰显“新烯望”

坚持通过建章立制强化制度保障，通过矩阵式建设探索未来进路，通过深入融合增强品牌效应。系统梳理当前党建已经做的、做出成效的和计划开展的工作，准确把握党委和各党支部的现有工作长处，选准切入点，通过组织和框架融合、制度和机制融合、目标和措施融合、考核和激励融合，固化推广现有优势，量身定制“新烯望”党建品牌。细抓“一支部一品牌”，以品牌导视logo、品牌展示阵地、创意风采展示等抓手，辐射带动各党支部培育出“担责裂解”“三安储运”“四定聚合”“五彩分离”等10个子品牌，孵化出“岗位讲述”“先锋量（亮、靓）岗”等具有导向示范和辐射价值的基层党建标志性工作、精品工程，形成了独具企业特色的党建品牌体系和党建品牌规模效应。

（三）推进组织锻造“新烯望”

坚持落实基层党组织政治功能和组织功能“双提升”行动部署，开展基层基础工作专项提升活动，聚焦“做实、创新、融合、强基”工作目标，突出基层组织、书记、党员、活动、制度、培训、保障7项重点；大力实施主题教育、组织增强、干部人才、文化创建、创新竞赛、品牌传播、正风肃纪7项工程；以“十项工作，全面夯基，十个支部，各美其美”的“十全十美”为内涵，细化推动基层基础工作全面提升。编制《“新烯望”党建工作与生产经营互融互促实施方案》，推动党建工作与中心工作深度融合，推动党支部战斗堡垒作用和党员先锋模范作用充分发挥。创新实施“110”党建工作法，以“1个党委+10个支部”的责任落实，“1种工法+10个指标”的量化评估，“1个思路+10项抓手”的具体细化，“1分部署+10分落实”的过程控制，连续三年夺取了年度110万吨产量任务等成果。建立党建“三基本”与化工“三基”融合机制，统筹推进“干字号”工程和“春雨计划”，聚焦企业生产经营和转型升级中的难点痛点问题，实施“揭榜挂帅”和“书记项目”，推动党建工作提质增效。常态化组织政工系列岗位比武，连续举办五届“新烯望党建创新训练营”，强化党务工作者“五清七会”基本功训练，激发新时代党建工作新活力。

（四）推进创新驱动“新烯望”

坚持以深化国企改革三年行动为契机，创新管理理念，强化创新赋能，优化产品结构，推动转型升级。以三年任务两年完成的拼搏实干，高效建成了国内首例百万吨级烯烃生产智能制造示范项目。扎实推进智慧化工建设，建成生产运营管控、数字化移交、数据采集等9个项目，上线经济效益智能分析系统。大力开展“黑屏操作”技术攻关，成为全国唯一一家制度化推行全装置黑屏操作、全岗位制度性夜班轮休的化工生产企业，该创新成果3次登上“中国石油和化工行业工业互联网大会（2023年）”等行业大会作专题交流，连续黑屏时长突破76天。强力推行“标杆创建”专项行动，创成行业标杆11项、集团标杆7项，企业管理水平不断提升。

（五）推进文化感召“新烯望”

坚持将党建品牌创建与精神文明建设、企业文化建设深度融合，不断丰富品牌内涵、充实活动载体。制定《“新烯望”思想政治工作责任体系方案》，深入开展“形势、目标、任务、责任”形势任务教育和“两珍惜、两保持”主题教育等活动，增强“新烯望”党建品牌的思想引领力。培育“尚德重礼兴烯望”精神文明品牌，广泛开展学德宣礼、明德融礼、尚德重礼、尊德守礼行为实践，增强党建品牌的凝聚力。深化“青年学”“青年说”“青年创”“青年乐”等团青活动，开展“新青年、新成长、新奉献”主题实践和“青年说安全”主题讲述，增强党建品牌的青年动员力。组织“强国复兴有我”群众性实践活动，举办“新烯望”文艺汇演、红色经典诵读等文体活动，增强党建品牌的群众感染力。深入贯彻落实习近平总书记“确保项目安全、稳定、清洁运行”等重要指示批示精神，广泛开展“社会主义是干出来的”岗位建功行动，“新烯望杯”劳动竞赛和技能竞赛等活动，增强“新烯望”品牌的实效性。

三、“新烯望”党建品牌的创建成效

“新烯望”党建品牌的成功创建，推动了公司党建工作全面进步，助推了企业高质量发展。

（一）党建引领成效不断提升

“新烯望”党建品牌，以品牌建设理念和方法统抓党建工作，改变了过去党建工作不系统、不连贯、不全面的现象，弥补了党建工作缺乏深度、力度和结合度的不足，彰显了党建工作凝聚人心、引领企业发展的作用。公司党的建设、文明创建考核连续两年高居宁夏煤业公司第一，获评国家能源集团先进基层党组织、首届文明单位、企业文化示范基地，宁夏回族自治区第十二批民族团结进步示范单位，中国石油和化工行业党建思想政治工作先进单位、新闻宣传先进单位，中国煤炭工业协会人力资源工作先进单位，全国煤矿文化艺术工作先进单位。

（二）企业发展态势持续向好

“新烯望”党建品牌，做到了与安全生产、经营管理、文化建设、基层治理、人才培养、服务群众同步，将党建优势转化为发展效能，推动了党建工作与生产经营互融互促、齐头并进，助力企业成为宁夏的明星企业。2022年，各类主副产品产量首次突破150万吨大关，销售收入首次破百亿元，历史性实现安全、环保、质量、人身伤害事故事件“四零”目标，安全生产实现五周年，“新烯望杯”劳动竞赛成果连续三年获得宁夏煤业公司金杯。

（三）科技创新活力有效激发

“新烯望”党建品牌，以完善的品牌体系、精准的功能定位、务实的作用发挥，抓牢了“基层党支部”这个精准点，抓实了党建与生产经营“结合点”，激发了党支部、党员、职能科室的主观能动性和无穷创造力。依托“先锋创新工作室”“劳模创新工作室”孵化了一批创新成果，获宁夏回族自治区科学技术进步奖一等奖1项、软件著作权6项、专利18项、制定企业/行业标准3项。

（四）品牌建设价值不断彰显

“新烯望”党建品牌，坚持大党建工作格局，通过强化体系搭建、方法牵引、执行穿透，把党建品牌建设成为彰显党建质量、推动党业融合、赋能改革发展的重要内容，以“强根固魂”的正向引领守好政治价值，以“效益优先”的正向引领守好经济价值，以“传播文明”的正向引领守好文化价值，以“责任担当”的正向引领守好社会价值。《放歌，在“烯望”的田野上》在第八届石油和化工企业品牌故事大赛中获奖。

“新烯望”党建品牌，对内是政治引领和价值创造的沉淀和凝练，对外是企业风采展示和形象传播的载体和名片。宁夏煤业烯烃二分公司党委将持续丰富和深化党建品牌内涵，努力把“新烯望”品牌打造成党建工作的标杆，全面提升党建工作水平和效能，以高质量党建引领保障企业高质量发展。

第六章

新时代国有企业思想政治工作的方法艺术

06
CHAPTER

一、新时代国有企业党建思想政治工作的创新模式

（一）理念创新

理念创新重点从以下几个方面着手：

一是树立服务理念。将国有企业党建思想政治工作的重点从管理转向服务，关注党员和群众的实际需求。通过开展各种服务活动，如志愿服务、困难帮扶等，增强党组织的凝聚力和向心力；将国有企业党建思想政治工作与为党员、群众服务相结合，了解他们的需求和关切，提供针对性的帮助和支持。例如，设立党员服务站，为党员群众提供政策咨询、法律援助、心理疏导等服务；建立服务平台，为党员和群众提供便捷的服务渠道，如在线咨询、办事指南等；以服务基层、服务生产经营为导向，将党建工作融入企业的发展战略和日常管理中，推动企业实现可持续发展。

二是强化融合理念。将国有企业党建思想政治工作与业务工作深度融合，避免“两张皮”现象。在业务工作中融入思想政治教育，引导党员和群众树立正确的价值观和职业观。通过党建引领，推动业务工作创新发展，实现党建工作与业务工作相互促进、共同提升。

三是培育创新理念。鼓励党员和群众积极参与国有企业党建思想政治工作创新，营造勇于创新、敢于突破的良好氛围。建立创新激励机制，对有创新成果的个人和集体进行表彰奖励。加强对党建思想政治工作新方法、新途径的研究和探索，不断提升工作的实效性和针对性。

四是树立大党建理念。打破传统的国有企业党建工作思维定式，将党建工作与企业的文化建设、社会责任、科技创新等方面相结合，形成全方位、多层次的党建工作格局。加强与其他单位、社会组织的交流与合作，

联合开展党建思想政治工作，实现资源共享、优势互补。

（二）方法创新

方法创新可以从以下几个方面着手：

一是运用新媒体技术。利用互联网的新媒体平台，开展国有企业党建思想政治工作。如开设微信公众号、微博账号等，发布党建动态、政策解读、先进事迹等内容，增强工作的吸引力和影响力；运用在线学习平台、视频会议等技术手段，开展党员教育和培训，提高学习效率和质量；开发党建工作管理软件，实现党员信息管理、组织生活管理、党费收缴管理等工作的信息化、规范化。

二是开展特色主题活动。结合重大节日、纪念日和国有企业的中心工作，开展形式多样、内容丰富的主题活动，增强国有企业党建思想政治工作的吸引力和感染力。例如，开展“红色之旅”主题教育、“党员先锋岗”创建、“我为企业发展献一策”等活动，注重活动的创新性和实效性，避免形式主义。通过活动的开展，引导党员和群众树立正确的世界观、人生观、价值观，增强他们的责任感和使命感。

三是实行项目化管理。将国有企业党建思想政治工作任务分解为具体项目，明确项目目标、责任人、时间节点等，实行项目化管理。通过项目化管理，提高工作的计划性和执行力。加强项目的跟踪和评估，及时总结经验教训，不断改进和完善项目管理方法。

四是打造党建文化品牌。培育具有特色的国有企业党建文化，通过开展文化活动、创作文化作品等形式，传播党的声音，弘扬党的精神。

（三）机制创新

机制创新主要集中在激励机制和考核机制上，具体可以从以下几个方面着手：

一是建立健全考核评价机制。制定科学合理的考核评价指标体系，对国有企业党建思想政治工作进行量化考核。考核内容包括工作成效、创新能力、群众满意度等方面。强化考核结果的运用，将考核结果与干部选拔任用、评先评优等挂钩，激励党员干部积极做好党建思想政治工作。

二是完善激励保障机制。建立健全激励保障机制，对在国有企业党建思想政治工作中表现突出的个人和集体进行表彰奖励。激励方式包括物质奖励、精神奖励等。加大对党建思想政治工作的投入力度，保障党建工作的经费、场地、设备等需求，为党建工作的开展提供有力保障。

三是构建协同推进机制。建立健全党建思想政治工作协同推进机制，加强党建工作部门与其他部门之间的沟通协调，形成工作合力。例如，党建工作部门与人力资源部门共同做好党员干部的培训、选拔任用工作；与生产经营部门共同做好企业文化建设、员工思想政治工作等。加强对党建思想政治工作的领导，明确各级党组织的工作职责和任务，确保党建工作落到实处。

四是建立创新激励机制。一是要设立创新奖项，对在党建工作中取得创新成果的党组织和个人进行表彰和奖励，激发创新活力；二是要提供创新支持，为党组织和党员开展党建工作创新提供必要的经费、技术、人才等支持，营造良好的创新环境；三是要推广创新经验，及时总结和推广党建工作创新的成功经验和做法，推动党建工作整体水平的提升。

（四）思维模型创新

以下，笔者介绍几种在国有企业思想政治工作中可以尝试性使用的不同思维模型，广大党务工作者可以根据需要灵活运用于具体工作中。

1. 金字塔原理模型

金字塔原理模型是一种结构化的思考和表达工具，由芭芭拉·明托提出。它能够帮助人们更清晰地思考问题、组织思路和有效地表达观点。这种模型的结构特点，是以结论为导向，先提出中心思想，再逐步向下展开论述，每一层的观点都是对上层观点的支撑，形成一个层次分明的金字塔结构。在党建思想政治工作中运用金字塔原理模型，可以有效提升工作的逻辑性、系统性和实效性。

金字塔原理在党建思想政治工作中的应用流程如下：

（1）明确核心结论

在党建思想政治工作中，首先要明确核心结论，即工作的目标和重点。例如，加强党员队伍建设、提高党组织的凝聚力、推动企业发展等。核心结论应该简洁明了、具有指导性，能够为后续的工作提供方向。

（2）构建层级结构

以核心结论为顶点，构建以上统下的结构。上层是对核心结论的概括和阐述，下层是具体的工作措施和方法。例如，为了加强党员队伍建设，可以采取加强党员教育、严格党员管理、发挥党员先锋模范作用等措施。这些措施都是为了实现加强党员队伍建设这一核心结论。

（3）分层归纳内容

将党建思想政治工作中的各项任务进行归类分组，使内容更加清晰、有条理。可以按照工作性质、工作对象、工作阶段等进行分类。例如，将党员教育工作分为理论教育、党性教育、业务教育等类别；将党组织活动分为主题党日活动、志愿服务活动、文体活动等类别。

（4）层级逻辑递进

在金字塔结构中，各层级之间要遵循逻辑递进的原则，即下层内容是上层内容的支撑和细化。例如，在加强党员教育工作中，首先进行理论教育，提高党员的政治理论水平；其次进行党性教育，增强党员的党性修养；最后进行业务教育，提升党员的工作能力。

2.SWOT分析模型

SWOT分析模型是一种基于内外部环境分析的工具，它将企业面临的各种因素分为四个方面，即优势（Strengths）、劣势（Weaknesses）、机会（Opportunities）和威胁（Threats）。通过对这四个方面的分析，企业可以全面了解自身的情况，把握市场机遇，应对潜在威胁。

结构特点：通过对内部因素（优势和劣势）和外部因素（机会和威胁）的综合考量，制定相应的策略。

应用场景：一是企业战略规划中，评估企业自身的竞争力和市场环境，确定发展方向。比如，在干部人才选用上，可以通过对员工的学历、经历、性格的综合分析，从优势、劣势、机会和威胁四个方面选用合适的人，做到人岗匹配。二是指导员工进行个人职业规划时，帮助其分析自身的优势和劣势，把握职业发展机会，应对潜在威胁。比如，个人可以根据自己的优势和市场机会，选择适合自己的职业发展方向，也可以根据自己的劣势和市场威胁，采取措施加以改进，提高自己的竞争力。

3.5W2H分析模型

5W2H分析模型是一种广泛应用于问题解决和决策制定的工具，它通过提出七个关键问题，帮助人们全面、系统地思考问题，找到有效的解决方案。从七个方面进行提问，即What（是什么）、Why（为什么）、Who（谁）、When（何时）、Where（何地）、How（如何）、How much（多少）。通过全面地提问，深入了解事物的本质和全貌。

这种模型的应用场景：一是活动策划中，明确活动的目标、任务、责任人、时间节点等关键要素。比如，在组织一次党建活动时，使用5W2H分析模型可以明确活动的目标、范围、责任人、时间安排等，为活动的顺利进行奠定基础。二是问题分析中，有助于系统地思考问题，找到问题的根源和解决方案。比如，组织营销劳动竞赛效果不佳，分析产品销量下降的原因时，可以从What（销量下降的具体表现是什么）、Why（为什么销量会下降）、Who（哪些因素导致销量下降，涉及哪些人）、When（销量从什么时候开始下降）、Where（下降主要发生在哪些地区或渠道）、How（可以采取哪些措施来提高销量）、How much（提高销量需要投入多少资源）等方面进行思考。

4.PDCA循环模型

PDCA循环模型是一种质量管理方法，由美国质量管理专家休哈特博士首先提出，后经戴明采纳、宣传，获得普及，所以又称戴明环。它包括计划（Plan）、执行（Do）、检查（Check）、处理（Act）四个阶段，旨在通过持续改进的过程，提高产品或服务的质量。PDCA循环模型在党建思想政治工作中可以发挥重要作用。具体使用的方法如下。

（1）计划（Plan）

分析现状。对当前党组织的建设情况、党员思想状况、群众对党建工作的认知和期望等进行全面调研和分析。了解党员队伍在思想政治方面存在的问题，如理想信念不够坚定、党性修养有待提高、工作作风不够扎实等。

确定目标。根据现状分析，确定党建思想政治工作的具体目标。例如，提高党员的思想政治素质、增强党组织的凝聚力和战斗力、推动党建工作与业务工作深度融合等。目标要具体、可衡量、可实现、相关联、有时限（SMART原则）。

制订计划。针对目标制订详细的工作计划，包括具体的工作内容、责任人、时间节点等。例如，开展党员教育培训、组织主题党日活动、加强党风廉政建设等。

（2）执行（Do）

组织实施。按照计划认真组织实施各项工作任务。确保责任人明确职责，积极主动地开展工作。加强对工作过程的管理和监督，及时解决出现的问题。

教育培训。开展形式多样的党员教育培训活动，如集中学习、专题讲座、在线学习等。提高党员的政治理论水平和思想政治素质。

活动开展。组织开展丰富多彩的主题党日活动、志愿服务活动等，增强党员的党性观念和宗旨意识。推动党建工作与业务工作深度融合，发挥党员的先锋模范作用。

（3）检查（Check）

自我检查。各责任人对自己负责的工作任务进行自我检查，评估工作进展情况和效果。及时发现问题，采取措施进行整改。

上级检查。上级党组织对下级党组织的党建思想政治工作进行检查和考核。检查内容包括工作落实情况、目标完成情况、党员队伍建设等。

群众评价。广泛征求群众对党建思想政治工作的意见和建议。通过问卷调查、座谈会等形式，了解群众对党组织和党员的评价。

（4）处理（Act）

总结经验。对党建思想政治工作中的成功经验进行总结和提炼，形成可复制、可推广的工作方法和模式。

问题整改。针对检查中发现的问题，制定整改措施，明确整改责任人、整改时间，确保问题得到有效解决。

持续改进。根据总结的经验和问题整改情况，对党建思想政治工作进行持续改进，不断提高工作质量和水平，推动党建思想政治工作迈上新台阶。

5.六顶思考帽模型

六顶思考帽模型是一种创新的思维工具，由英国学者爱德华 · 德 ·

博诺提出。它通过六种不同颜色的帽子代表六种不同的思维模式，分别是白色思考帽、红色思考帽、黑色思考帽、黄色思考帽、绿色思考帽、蓝色思考帽，帮助人们更加全面、系统地思考问题，提高决策的质量和效率。在党建思想政治工作中，可以运用这一模型来拓展思维、提高工作效率和质量。通过运用六顶思考帽模型，可以让党建思想政治工作更加全面、深入、系统，提高工作的针对性和实效性。

这种模型在思想政治工作方面的运用广泛，特别是“三重一大”的集体决策，使用六顶思考帽模型可以帮助团队成员从不同的角度对问题进行分析和讨论，避免片面性和局限性，提高决策的质量和效率。例如，在党委会、董事会制定公司的战略规划时，可以组织团队成员依次戴上不同颜色的帽子进行讨论，充分发挥每个人的优势和创造力，为公司的发展提供科学合理的决策依据。此外，当员工遇到思想问题时，作为矛盾化解者，可以戴上不同颜色的帽子从员工的角度、企业的角度、解决方案的角度等多个方面进行思考，快速有效地解决问题。具体使用方法如下。

（1）白色思考帽

白色代表客观、中立。在党建思想政治工作中，运用白色思考帽可以收集和分析客观数据、信息。对党员队伍的基本情况进行统计分析，包括党员数量、年龄结构、学历层次等。收集党员和群众对党建思想政治工作的意见和建议，了解他们的需求和期望。研究相关政策法规和文件，为党建思想政治工作提供理论依据。

（2）红色思考帽

红色代表情感、直觉。运用红色思考帽可以让人们表达自己的情感和直觉感受。党员在参与党建活动中分享自己的情感体验，增强团队凝聚力。了解群众对党建工作的情感态度，以便更好地调整工作方法。通过情感共鸣，激发党员的责任感和使命感。

（3）黑色思考帽

黑色代表谨慎、批判。运用黑色思考帽可以对党建思想政治工作进行批判性思考。分析党建工作中可能存在的问题和风险，如思想认识不到位、工作落实不力等。对工作方案进行严格审查，找出潜在的漏洞和不足。提醒大家保持警惕，避免出现错误和失误。

（4）黄色思考帽

黄色代表积极、乐观。运用黄色思考帽可以发掘党建思想政治工作的积极因素，肯定党建工作取得的成绩和进步，增强信心，寻找工作中的亮点和创新点，加以推广和应用。鼓励大家积极参与党建活动，营造良好的工作氛围。

（5）绿色思考帽

绿色代表创新、创意。运用绿色思考帽可以激发创新思维，为党建思想政治工作提供新的思路和方法。开展党建工作创新大赛，鼓励党员和群众提出新的创意和方案。借鉴其他单位的先进经验，结合实际进行创新。运用新媒体、新技术，拓展党建思想政治工作的渠道和形式。

（6）蓝色思考帽

蓝色代表控制、管理。运用蓝色思考帽可以对整个思考过程进行管理和控制，制定思考的规则和流程，确保思考的有序进行，对不同颜色帽子的思考结果进行总结和归纳，形成综合性的意见和建议，对党建思想政治工作进行整体规划和部署，明确工作方向和重点。

二、新时代国有企业思想政治工作常用方法技巧

笔者从分析以下新时代国有企业思想政治工作的一些规律性问题着手，探索掌握思想政治工作的一些常规方式方法。

（一）新时代国有企业思想政治工作的主要特点

新时代国有企业思想政治工作必须做到与时俱进，根据对象和环境的变化，适时作出调整，这就需要客观认识新时代思想政治工作的新特点。一是强调价值引领，在多元文化和价值观并存的背景下，更加注重弘扬社会主义核心价值观，引导人们树立正确的世界观、人生观和价值观，增强对中国特色社会主义的道路自信、理论自信、制度自信、文化自信。二是运用新媒体技术。随着互联网和移动终端的普及，思想政治工作更多地借助新媒体平台，如微信、微博、短视频平台等，创新工作方式和手段，扩大工作的覆盖面和影响力。三是注重人文关怀，关注人们的精神需求和心理状态，强调以人为本，通过关心、理解和尊重，激发人们的积极性和主动性。四是强调全员参与，思想政治工作不再仅仅是思想政治工作者的职责，而是需要全社会共同参与，形成协同育人的工作格局。

（二）新时代国有企业思想政治工作的重要意义

新时代有新要求，对国有企业从事思想政治工作也是如此，那么新时代国有企业思想政治工作的重要意义是什么呢？笔者认为，对时代和社会来讲主要有三个方面的重要现实意义。一是巩固党的执政基础，统一思想，凝聚共识，使广大人民群众紧密团结在党的周围，增强党的向心力和凝聚力，为党长期执政奠定坚实的群众基础。二是推动经济社会发展，激发人们的创新精神和奋斗精神，为实现经济高质量发展、社会和谐稳定提供强大的精神动力。三是促进社会和谐稳定，帮助人们正确处理各种利益关系，化解矛盾纠纷，营造良好的社会氛围，促进社会的长治久安。四是培养时代新人，培养有理想、有道德、有文化、有纪律的社会主义建设者和接班人，为实现中华民族伟大复兴的中国梦提供人才保障。

（三）新时代国有企业思想政治工作面临的挑战

新时代国有企业思想政治工作面临的挑战也多种多样。一是信息传播多元化，网络信息纷繁复杂，一些不良信息和错误思潮容易对人们的思想产生冲击，增加了思想政治工作的难度。二是社会变革带来的压力。如经济结构调整、就业竞争加剧等，导致人们的思想和心理压力增大，对思想政治工作的针对性和实效性提出了更高要求。三是工作方式方法有待创新，传统的思想政治工作方式在新媒体时代可能显得单一和滞后，需要不断创新以适应时代需求。

（四）加强新时代国有企业思想政治工作的核心要求

新时代国有企业思想政治工作在党和国家的发展中具有重要地位，需要我们不断适应新变化，应对新挑战，开创工作新局面。核心要求包括以下四个方面：一是加强党的领导，确保思想政治工作的正确方向，把思想政治工作纳入党的工作全局，建立健全工作责任制。二是加强队伍建设，培养一支高素质、专业化的思想政治工作队伍，提高其理论水平和工作能力。三是创新工作内容和形式。结合时代特点和受众需求，丰富工作内容，创新工作方法，增强思想政治工作的吸引力和感染力。四是完善工作机制，建立健全评估机制、激励机制等，保障思想政治工作的顺利开展和有效落实。

（五）新时代国有企业思想政治工作常用方法技巧

以下，笔者主要从“谈心谈话、批评员工、鼓励员工”几种常用的思想交流的方式方法，以及在党建思想政治工作中的常用工具箱讲解思想政治工作的开展。

1.谈心谈话的方法

谈心谈话作为一种人际交流的重要方式，在各个领域都发挥着不可或缺的作用。无论是在个人关系的建立与维护、组织内部的管理与协调，还是在社会矛盾的化解与和谐构建中，谈心谈话都具有深远的意义，对于思想政治工作者更是必须掌握的技能之一。

通过谈心谈话可以促进自我认知，与他人深入交流，能够使个人更清晰地认识自己的优点和不足，从而有针对性地进行自我改进和提升。通过谈心谈话可以缓解心理压力，在生活和工作中，人们不可避免地会面临各种压力和困扰。谈心谈话为个人提供了一个倾诉的渠道，使内心的负面情绪得到宣泄，从而减轻心理负担。通过谈心谈话可以增强人际关系。真诚的谈心谈话有助于建立和加深人与人之间的信任和理解，拓展人际关系网络，为个人的发展创造更有利的环境。谈心谈话工作对国有企业各级组织同样是一项重要工作。一方面，可以提升团队凝聚力，成员之间的定期谈心谈话能够促进彼此的了解和认同，增强团队的向心力和协作精神，提高工作效率和质量；另一方面，可以通过沟通交流解决内部矛盾与问题。及时发现并通过坦诚的交流解决组织内部存在的矛盾和问题，避免其进一步恶化，维护组织的和谐稳定。从国家层面来看，广泛开展谈心谈话工作有助于消除误解和偏见，促进不同群体之间的相互理解和包容，从而推动社会的和谐发展。组织与个人之间的谈心谈话能够使政策制定更加贴近实际、符合民意，提高社会治理的科学性和有效性。谈心谈话还可以传承和弘扬优秀文化价值观。通过谈心谈话，优秀的文化价值观得以传播和传承，塑造积极向上的社会风气。所以，谈心谈话在个人、组织和社会的发展中都具有不可替代的重要性。它是促进沟通理解、解决问题、增强凝聚力、推动创新和构建和谐的有力工具。我们应当充分重视并积极运用谈心谈话这一方式，不断提升交流的质量和效果，为个人的发展、组织的稳定和社会的进步创造更加有利的条件。那么，如何有效地开展谈心谈话工作，这就有必要掌握好谈心谈话的技巧。

要高质量开展谈心谈话，需要找准时机、节奏和营造宽松的环境，才能起到事半功倍的效果。一是要准备充分。尤其是党组织书记要了解谈话对象的基本情况，包括工作表现、性格特点、家庭背景等。明确谈话的目的和主题，确定想要达到的效果和期望的结果。二是要营造良好氛围。不能在会场批评人，也不能在谈话对象情绪激动时候开展谈心谈话，要选择一个安静、舒适、没有干扰的环境，以友善、亲切的态度开场，让对方感到放松和信任。三是要学会倾听。要给予谈话对方充分的表达机会，不打断、不急于评价，适当时候用眼神交流、点头等肢体语言表示回应和关注与理解。四是要注重表达清晰。不管是表扬还是批评，都要语言简洁明了，避免使用过于专业或复杂的术语，避免生硬死板，要语气平和、诚恳，避免用命令式的口吻。五是要善于把握节奏。应控制谈话的时间，避免过长或过短，让双方都能充分交流但又不感到疲惫，根据对方的情绪和反应，适时调整谈话的进度和深度。

在方法技巧上，作为思想工作者，要善于提问引导，运用开放性问题，如“你怎么看待这件事？”“能和我多说一说你的想法吗？”，激发对方的思考和表达。适当使用封闭式问题，如“你是不是有这样的感受？”，进行试探和确认。也要学会换位思考，不能高高在上，换一个角度看问题，往往能取得谈话对象的认同，要站在对方的角度理解其观点和感受，表达共鸣和理解，例如，“我能理解你现在的处境，换作是我可能也会有类似的感受”。在对方受到委屈或者情绪较为激动的时候，要适当给予鼓励和支持，对对方积极的想法和努力给予肯定和鼓励，比如，“你能有这样的思考很不错，继续保持”。谈话不仅要指出对方的优缺点，更重要的是要为对方的改进和提高提供建议和指导，在对方需要时，基于客观事实和自身经验，提出合理的建议，但要注意方式，避免强加于人，如“这是我的一些想法，供你参考”。总之，思想政治工作中的谈心谈话需要真心、耐心和细心，通过有效的沟通达到思想引导和教育的目的。

2.批评的方法

党员领导干部在工作中如何有效地批评员工和鼓励员工，以达到提升员工绩效、促进团队发展和实现组织目标的目的，通过对相关理论和实践的研究，分析批评与鼓励的原则、方法和技巧，并结合实际案例进行深入阐述，得出有益的指导和借鉴。人的需求从低到高分为生理需求、安全需求、社交需求、尊重需求和自我实现需求。当低层次需求得到满足后，人们会追求更高层次的需求。批评可能会影响到员工在尊重等方面的需求满足，而鼓励则有助于满足其尊重和自我实现的需求，从而激发员工的积极性。心理学家赫茨伯格认为，引起人们工作动机的因素主要有两个：保健因素和激励因素。保健因素如工资、工作环境等，只能消除不满；激励因素如工作成就、认可等，才能带来满意和激励。批评如果处理不当可能会削弱保健因素，而鼓励则属于激励因素，能有效提升员工的工作满意度和积极性。心理学家弗鲁姆提出，激励力量等于期望值乘以效价，即员工的积极性取决于他们对努力工作能够获得成果的期望以及对成果价值的评价。鼓励可以提高员工对成功的期望和成果价值的认知，而批评可能降低这种期望。所以，运用好批评和鼓励，对于在思想政治工作中启发人和感染人具有重要现实意义。

党员领导干部批评员工时，要掌握好方法技巧，才能取得事半功倍的效果，反之，则可能激化矛盾，打击员工积极性。总体上来看，应遵循以下原则和采用适当的方法：一是坚持实事求是，基于客观事实进行批评，避免主观臆断和偏见。确保所批评的内容是真实存在且经过核实的。二是坚持对事不对人，聚焦员工的具体行为或工作成果，而非针对个人的性格、品质等进行攻击。让员工明白是其行为需要改进，而非自身被否定。三是坚持尊重与信任，保持对员工的基本尊重和信任，相信他们有改进的意愿和能力。批评时不侮辱、贬低员工的人格。四是注意及时性，发现问题后尽快进行批评，避免问题积累和恶化，同时也能让员工更清晰地回忆起相关情况。五是注意适度性，批评的程度和力度应与错误的性质和影响相适应，不过分严厉或宽松。六是注意私密性，除非涉及重大原则问题或需要公开警示，否则尽量选择私下的场合进行批评，保护员工的自尊心。

在方法上要因人而异，根据性格特点采取不同的方式方法，总体上要做到先扬后抑，先肯定员工的优点和之前的工作成果，再指出存在的问题和不足，使批评更容易被接受；要采取启发式批评，通过提问引导员工自己发现问题所在，激发其自我反思和改进的意识；尽管犯错误，也要倾听员工解释，给予员工机会解释事情的经过和原因，避免误解，也能更全面地了解情况；要以理服人，用清晰的逻辑和合理的依据阐述批评的原因，让员工从道理上理解和接受。同时，还要鼓励员工改进：表达对员工能够改进的信心和期待，鼓励他们积极面对问题，努力改正，并在批评的同时，为员工提供具体、可行的改进建议和方法，帮助他们明确改进的方向。例如，一位员工在项目报告中出现了数据错误，党员领导干部可以这样批评："小李，我一直很认可你对待工作的认真态度，之前的几个项目你都完成得很不错（先扬）。但这次的项目报告中有几处数据错误（指出问题），能和我说说是什么原因吗（倾听解释）？其实做数据处理时要更加细心，多检查几遍，还可以找同事交叉核对（提供建议）。我相信以你的能力，下次肯定不会再出现这样的问题（鼓励改进）。"

3.鼓励的方法

鼓励人带来团结力，鼓励人带来向心力，鼓励人带来创造力，善于鼓励员工是团队建设的重要内容之一，也是每个思想政治工作者应该掌握的技能。鼓励员工的方法多种多样，比如物质激励法、精神激励法、工作激励法、培训激励法、关怀激励法等。以下，笔者重点介绍物质激励法和精神激励法的主要优点、实施方法和注意事项，供大家根据实际情况选择使用。

（1）物质激励法。物质激励法顾名思义就是通过给予员工实际的物质报酬来激励他们的工作积极性和创造力。人的需求按照优先级从低到高分别为：生理需求、安全需求、社交归属需求、尊重需求和自我实现需求。这些需求按照金字塔的形式排列，当较低层次的需求得到满足后，个体会将注意力转向更高层次的需求。从这五种需求层次来看，第一层的生理需求是典型的物质需求。包括食物、水、空气、睡眠等生存所必需的物质和条件。所以，鼓励员工物质激励很重要，归纳起来，经常采用的物质奖励包括几种形式：一是薪酬激励，包括基本工资、奖金、提成、津贴等形式的报酬。根据工作表现和绩效进行奖惩，提供额外的经济回报，以激励和鼓励个人或团队的努力和成绩。二是福利待遇，提供如医疗保险、企业年金、健身俱乐部会员等福利待遇，以满足员工对于基本生活需求和福利保障的需求，并提高员工的工作满意度和忠诚度。三是物质激励的额外补充，就是除上述形式的奖励外，还可以提供其他形式的物质激励，如购物券、旅游奖励、公司股票或股票期权等，以提供额外的经济回报和激励。

（2）精神激励法。所谓精神激励即内在激励，是指精神方面的无形激励，包括向员工授权，对员工工作绩效的认可，公平、公开的晋升制度，提供学习和发展通道，实行灵活多样的弹性工作时间制度，制定适合每个人特点的职业生涯发展道路，等等。精神激励是一项深入细致、应用广泛、复杂多变、影响深远的工作，它是管理者用思想教育的手段倡导企业精神，是调动员工积极性、主动性和创造性的有效方式。一般而言，企业采取精神激励包括以下方式：一是信任激励，就是指领导者要充分信任下属，放手让其在职权范围内学会独立地处理问题，使其有职有权，创造性地做好工作。古人说“疑则勿任，任则勿疑”，即“用人不疑，疑人不用”是重要的用人原则。二是情感激励，情感激励既不以物质利益为诱导，也不以精神理想为刺激，而是指领导者与被领导者之间的以感情联系为手段的激励方式。每个人都需要关怀与体贴，一番安慰的话语、一句亲切的问候，都可成为激励人们的动力。但是，运用情感激励要注意情感的两重性，积极的情感可以增强人的活力，消极的情感则会削弱人的活力，情感激励主要是培养激励对象的积极情感。情感激励的方式很多，如沟通思想、排忧解难、慰问家访、交往娱乐、共同劳动、民主协商等。只要领导者真正关心、体贴、尊重、爱护激励对象，通过感情交流充分体现出“人情味”，员工就会把领导的真挚情感化作自愿接受领导的自觉行动。三是荣誉激励，荣誉激励是一种高级的激励手段，在国有企业中适用性比较强，它主要是把工作成绩与晋级、提升、选模范、评先进等联系起来，以一定的形式或名义标定下来，主要的方法是表扬、奖励、经验介绍等，荣誉可以成为不断鞭策荣誉获得者保持和发扬成绩的力量，还可以对其他人产生感召力，激发比、学、赶、超的动力，从而产生较好的激励效果。在管理学看来，追求良好声誉是经营者的成就发展需要，或归于马斯洛的尊重和自我实现的需要，尊重并不是惧怕和敬畏。尊重意味着能够意识到员工的独特秉性；通过给予表现优秀的员工奖状、口头表扬等方式，使员工获得心理上的满足。四是榜样和领导行为激励，人们常说，榜样的力量是无穷的，绝大多数员工都是力求上进而不甘落后的，如果有了榜样，员工就会有努力的方向和赶超的目标，从榜样成功的事业中得到激励。有关研究表明，一个人在报酬引诱及社会压力下工作，其能力仅能发挥60%，其余的40%有赖于领导者去激发。所以，除物质激励外，往往精神激励对员工的激励效果更持久、更有带动性，更对企业团队建设产生积极影响。

三、新时代国有企业思想政治工作与党建工作的融合

国有企业在我国经济发展中占据着重要地位，加强党建工作与思想政治工作的融合对于推动国有企业高质量发展具有重大意义。党建工作和思想政治工作是相辅相成、相互促进的关系。党建工作的核心是党的建设，包括政治建设、思想建设、组织建设、作风建设、反腐倡廉建设、制度建设和纯洁性建设等方面，旨在完成党的使命，领导国家和提高党的生机与活力。而思想政治工作则是对人的思想进行引导、启发和教育的工作，目的是转变人们的思想，指导人们的行动，实现政治目标。所以说，党的建设和思想政治工作是相辅相成的关系。首先，二者目标一致，思想政治工作和党的建设的目标都是为了提高企业的凝聚力、战斗力和竞争力，促进企业的持续健康发展。二者都是围绕企业的中心工作，服务于企业的发展大局。其次，二者相互促进，党的建设为思想政治工作提供了政治保障和组织支持。通过加强党的思想建设、组织建设、作风建设等，为思想政治工作创造良好的条件。同时，思想政治工作也为党的建设提供了思想基础和群众基础。通过开展思想政治工作，提高员工的思想认识和政治觉悟，增强员工对党的拥护和信任，为党的建设奠定坚实的群众基础。最后，二者内容相互融合，思想政治工作和党的建设在内容上有很多交叉和融合之处。例如，党的理论教育、党性修养培养等既是党的建设的重要内容，也是思想政治工作的重要任务。同时，思想政治工作中的职业道德教育、企业文化建设等也与党的建设密切相关。

新时代国有企业全面加强思想政治工作意义重大，国有企业改革正在

进行时，国企兴则国家兴，国有企业的发展对国家经济的发展起到了“定海神针”的作用。国有企业应该结合自身实际，长期持续有效地开展思想政治工作。一是可以尽最大可能凝聚人心，凝聚发展共识。国有企业员工众多，思想观念和价值取向多元。思想政治工作能够通过宣传党的理论和路线方针政策，引导员工树立正确的世界观、人生观和价值观，增强员工对企业的认同感和归属感，从而凝聚起全体员工的力量，共同为企业的发展努力奋斗。例如，在重大项目建设中，通过思想政治工作激发员工的工作热情和奉献精神，确保项目顺利推进。二是可以尽最大可能稳定员工队伍，尤其是面对市场经济的竞争压力和企业改革发展的挑战，员工可能会出现思想波动和不稳定情绪。思想政治工作可以及时了解员工的思想动态，做好心理疏导和矛盾化解工作，稳定员工队伍，为企业的稳定发展创造良好的内部环境。比如，在企业重组改制过程中，通过开展专题思想政治教育活动，向员工解释改革的必要性和重要性，消除员工的疑虑和担忧。三是可以尽最大可能提升员工的全员综合素质，思想政治工作不仅注重思想道德教育，还包括职业素养、创新意识等方面的培养。通过开展各种培训和学习活动，提高员工的综合素质，为企业的发展提供人才支持。例如，组织员工参加职业技能培训、创新思维讲座等，提升员工的业务能力和创新能力。

那么，新时代国有企业如何把思想政治工作贯穿党的建设始终？

（一）要充分认识到思想政治工作是党的建设的传家宝和生命线

一百多年来，我们党始终高度重视思想政治工作。毛泽东同志曾指出，“共产党领导的革命的政治工作是革命军队的生命线”，“掌握思想教育，是团结全党进行伟大政治斗争的中心环节”，“政治工作是一切经济工作的生命线”。邓小平同志强调，“改善党的领导，其中最主要的，就是加强思想政治工作”，领导机关“要腾出主要的时间和精力来做思想政治工作”。江泽民同志提出，思想政治工作“要始终注意在增强时代感，加强针对性实效性主动性上狠下功夫”。胡锦涛同志指出：“思想政治工作说到底是做人的工作，要坚持以人为本的理念。”党的十八大以来，以习近平同志为核心的党中央把党的思想政治工作置于更加重要的位置，引领全党将智慧和力量凝聚于中国特色社会主义伟大事业。习近平总书记强调：“加强党的建设，首要任务是加强思想政治建设，关键是教育管理好党员、干部。”[①]“加强思想政治引领，广泛凝聚共识，广聚天下英才，努力寻求最大公约数、画出最大同心圆，形成海内外全体中华儿女心往一处想、劲往一处使的生动局面，汇聚起实现民族复兴的磅礴力量！”[②]2021年，在中国共产党成立100周年之际，中共中央、国务院印发了《关于新时代加强和改进思想政治工作的意见》，以马克思列宁主义、毛泽东思想、邓小平理论、“三个代表”重要思想、科学发展观、习近平新时代中国特色社会主义思想为指导，对新时代思想政治工作作出全面系统部署，深刻阐明思想政治工作的重大意义、方针原则与实践要求，丰富和发展了我们党对思想政治工作的规律性认识。经过全党全国各族人民的持续奋斗，我们实现了第一个百年奋斗目标，全面建成小康社会，历史性地解决了绝对贫困问题，中华民族迎来了从站起来、富起来到强起来的伟大飞跃，实现中华民族伟大复兴进入不可逆转的历史进程。一百多年来，中国共产党团结带领中国人民，以“为有牺牲多壮志，敢教日月换新天”的大无畏气概，谱写了中华民族几千年历史上最为恢宏的史诗。党的百年伟大历程表明，当全党旗帜鲜明讲政治、高度重视思想政治工作时，我们党便充满生机活力，党的事业亦蓬勃发展；反之，若有所偏差，党的事业则会遭遇挫折。国有企业

① 《习近平谈治国理政》第二卷，外文出版社2017年版，第172页。

② 《习近平著作选读》第二卷，人民出版社2023年版，第486页。

作为国之根本，在新时代更要时刻牢记并传承好这一传家宝。

（二）要把国有企业思想政治工作置于党的建设的重要位置

新时代要有新气象、新作为。思想政治工作既是重大政治任务，又是经常性、基础性工作，国有企业党组织必须站在统筹中华民族伟大复兴战略全局和世界百年未有之大变局的战略高度，统揽“四个伟大”，坚持系统观念，一以贯之地落实到党的政治建设、思想建设、组织建设、作风建设、纪律建设、制度建设以及反腐败斗争等各项工作中，不能只抓经济不抓政治，只抓生产不抓思想，始终牢记国有企业的使命担当，永葆党的先进性和纯洁性，确保国有企业不变质、不变色，确保党始终成为中国特色社会主义事业的坚强领导核心。

党政军民学，东西南北中，党是领导一切的。国有企业概莫能外。国有企业在建设和发展过程中要带头践行党中央决策部署，以党的政治建设为统领，坚持和加强党的全面领导，做到“两个维护”。要在本企业本部门认真谋划好思想政治工作、意识形态工作，按照关于新时代加强和改进思想政治工作的意见要求，不断加强和改进思想政治工作。做好思想政治工作、推进党的建设，必须旗帜鲜明讲政治，将坚持和加强党的全面领导作为根本原则。要在国有企业各级组织和党员队伍中，通过多种形式不断引导各级党组织和广大党员、干部牢固树立党章意识，切实尊崇党章，以党章规范言行，弘扬忠诚老实、公道正派、实事求是、清正廉洁等价值观，坚决反对“两面派”“两面人”。要教育国有企业党员干部加强党性锻炼，不断提升政治觉悟和政治能力，把对党忠诚、为党分忧、为党尽职、为民造福作为根本政治担当，永葆共产党人政治本色。要带头廉洁自律，严守政治纪律和政治规矩，增强“四个意识”、坚定“四个自信”、做到“两个维护”，牢记“国之大者”，不断提高政治判断力、政治领悟力、政治执行力，在思想上、政治上、行动上始终同以习近平同志为核心的党中央保持高度一致。

要以党的创新理论凝心铸魂，用习近平新时代中国特色社会主义思想武装国企各级党组织和广大党员干部。深刻理解中国共产党为什么能，中国特色社会主义为什么好，归根到底是因为马克思主义行。大力弘扬伟大建党精神，锤炼鲜明政治品格、继承光荣传统、赓续红色血脉。完善企业党委（党组）理论学习中心组、党支部“三会一课”等各层级学习制度，将学习成效转化为推动提升企业核心竞争力的生动实践。要着眼于保证党的集中统一、步调一致，一体推进党的组织体系建设。强有力的思想政治工作，是党的组织体系上下贯通、执行有力的重要保障，也是彰显党的组织体系优势的内在要求。国有企业基层党组织是贯彻落实党中央决策部署的“最后一公里”，要坚持大抓基层的鲜明导向，推动党的组织和党的工作全覆盖，充分发挥基层党组织的战斗堡垒作用。党支部是党的组织体系的基本单元，是联系服务群众的重要纽带，要充分发挥党支部教育党员、管理党员、监督党员和组织群众、宣传群众、凝聚群众、服务群众的职责作用，把思想政治工作落实到支部，让支部在基层工作中唱主角，成为团结群众的核心、教育党员的学校、攻坚克难的堡垒。要突出政治功能，做到哪里有党组织、哪里就有思想政治工作。“支部建在连上”，是国有企业思想政治工作在基层落实落地的重要组织载体，国有企业必须按照要求分级分层建立基层党组织。把企业各级党组织建设成为宣传党的主张、贯彻党的决定、领导基层治理、团结动员群众、推动改革发展的坚强战斗堡垒。抓好国有企业基层党组织工作条例落实，把思想政治工作同生产经营管理、企业文化建设等工作结合起来，加强对国有企业各级领导人员的党性教育、宗旨教育、警示教育，不断提高其思想政治素质。要在国有企业内部持之以恒开展正风肃纪反腐，把思想教育和监督执纪结合起来，守住国有企业的廉洁底线，从思想上正本清源、立根固本，一体推进不敢腐、不能腐、不想腐，确保国有企业不变质、不变色、不变味。

（三）以高水平思想政治工作高质量推动国有企业党的建设

思想政治工作绝非单纯某一方面的工作，而应是全方位、无处不在、无时不在的，是融入式、嵌入式、渗入式的，不能搞成“两张皮”。国有企业行业不同，特点各异，组织形式也千差万别，要结合企业实际，善于利用组织优势，运用一切场合、一切载体、一切方式开展思想政治工作，在本企业教育引导广大职工，为职工从思想上解惑、精神上解忧、文化上解渴、心理上解压，把思想政治工作从“做没做”向“优不优”提升，不断提高思想政治工作的针对性和实效性，进而推动国有企业党的建设高质量发展。

国有企业各级党委（党组）要切实负起政治责任和领导责任，书记是第一责任人，班子其他成员要抓好分管部门和领域的思想政治工作，坚持管班子、管业务与管党建、管思想政治工作相结合，一体部署、一体推进，防止和纠正思想政治工作与党的建设出现“断档”“脱节”现象，切实增强时代性、实效性，做到守土有责、守土负责、守土尽责。要认真落实思想政治工作定期分析报告制度，各级党组织在研究党的建设时，要密切关注本企业党员、干部的思想动态，准确把握思想政治工作特点和规律，积极探索信息化条件下开展工作的新载体新路数。持续开展理论学习中心组集体学习，制定思想政治工作责任清单，瞄着问题去、对着问题改，明确落实措施和推进步骤，不断提高工作的制度化、规范化、科学化水平。同时，还要狠抓国有企业思想政治工作的考核，将思想政治工作情况作为企业党建工作述职评议考核内容，不断传导压力、激发动力，发挥好“指挥棒”作用。以有力有效的落实，把显性教育与隐性教育、解决思想问题与解决实际问题、广泛覆盖与分类指导结合起来，为思想政治建设把好国有企业政治之舵，以思想政治教育激发全员活动推动企业实现高质量发展。

附　录

新时代国有企业党建基本知识

一、党的基本理论知识

1.党的性质：中国共产党是中国工人阶级的先锋队，同时是中国人民和中华民族的先锋队，是中国特色社会主义事业的领导核心，代表中国先进生产力的发展要求，代表中国先进文化的前进方向，代表中国最广大人民的根本利益。

2.党的最高理想和最终目标及根本指导思想：党的最高理想和最终目标是实现共产主义；马克思主义是我们立党立国、兴党兴国的根本指导思想。

3.中国共产党以马克思列宁主义、毛泽东思想、邓小平理论、“三个代表”重要思想、科学发展观、习近平新时代中国特色社会主义思想作为自己的行动指南。

4.“两个维护”：坚决维护习近平总书记党中央的核心、全党的核心地位，坚决维护以习近平同志为核心的党中央权威和集中统一领导。

5.“两个确立”：党确立习近平同志党中央的核心、全党的核心地位；确立习近平新时代中国特色社会主义思想的指导地位。

6.党的政治建设的首要任务：保证全党服从中央，坚持党中央权威和集中统一领导。

7.新时代党的建设总要求：坚持和加强党的全面领导，坚持党要管党、全面从严治党，以加强党的长期执政能力建设、先进性和纯洁性建设为主线，以党的政治建设为统领，以坚定理想信念宗旨为根基，以调动全党积极性、主动性、创造性为着力点，全面推进党的政治建设、思想建设、组织建设、作风建设、纪律建设，把制度建设贯穿其中，深入推进反腐败斗争，不断提高党的建设质量，把党建设成为始终走在时代前列、人民衷心拥护、勇于自我革命、经得起各种风浪考验、朝气蓬勃的马克思主义执政党。

8.党的建设五项基本要求：第一，坚持党的基本路线；第二，坚持解放思想，实事求是，与时俱进，求真务实；第三，坚持全心全意为人民服务；第四，坚持民主集中制；第五，坚持从严管党治党。

9.民主集中制中的“四个服从”：党员个人服从党的组织，少数服从多数，下级组织服从上级组织，全党各个组织和全体党员服从党的全国代表大会和中央委员会。

10.“六个如何始终”：如何始终不忘初心、牢记使命，如何始终统一思想、统一意志、统一行动，如何始终具备强大的执政能力和领导水平，如何始终保持干事创业精神状态，如何始终能够及时发现和解决自身存在的问题，如何始终保持风清气正的政治生态，都是我们这个大党必须解决的独有难题。

11.“三会一课”：党支部党员大会每季度召开1次；党支部委员会每月召开1次；党小组会每月召开1次；党委（党组）书记每年至少讲1次党课。

12.“两个结合”：中国共产党人深刻认识到，只有把马克思主义基本原理同中国具体实际相结合、同中华优秀传统文化相结合，坚持运用辩证唯物主义和历史唯物主义，才能正确回答时代和实践提出的重大问题，才能始终保持马克思主义的蓬勃生机和旺盛活力。

13.“三个始终”：中国共产党在世界形势深刻变化的历史进程中始终走在时代前列，在应对国内外各种风险和考验的历史进程中始终成为全国人民的“主心骨”，在坚持和发展中国特色社会主义的历史进程中始终成为坚强领导核心。

14.“三个不动摇”：我们要以科学的态度对待科学、以真理的精神追求真理，坚持马克思主义基本原理不动摇，坚持党的全面领导不动摇，坚持中国特色社会主义不动摇，紧跟时代步伐，顺应实践发展，以满腔热忱对待一切新生事物，不断拓展认识的广度和深度，敢于说前人没有说过的新话，敢于干前人没有干过的事情，以新的理论指导新的实践。

15.“四个意识”：政治意识、大局意识、核心意识、看齐意识。

16.“四个自信”：道路自信、理论自信、制度自信、文化自信。

17.“四个伟大”：伟大斗争、伟大工程、伟大事业、伟大梦想，紧密联系、相互贯通、相互作用，其中起决定性作用的是党的建设新的伟大工程。

18.“五个必由之路”：全党必须牢记，坚持党的全面领导是坚持和发展中国特色社会主义的必由之路，中国特色社会主义是实现中华民族伟大复兴的必由之路，团结奋斗是中国人民创造历史伟业的必由之路，贯彻新发展理念是新时代我国发展壮大的必由之路，全面从严治党是党永葆生机活力、走好新的赶考之路的必由之路。

19.“五个重大原则”：坚持和加强党的全面领导，坚持中国特色社会主义道路，坚持以人民为中心的发展思想，坚持深化改革开放，坚持发扬斗争精神。

20.增强问题意识的“五个聚焦”：我们要增强问题意识，聚焦实践遇到的新问题、改革发展稳定存在的深层次问题、人民群众“急难愁盼”问题、国际变局中的重大问题、党的建设面临的突出问题，不断提出真正解决问题的新理念新思路新办法。

21.“五个牢牢把握”：学习贯彻党的二十大精神，要牢牢把握过去五年工作和新时代十年伟大变革的重大意义；牢牢把握习近平新时代中国特色社会主义思想的世界观和方法论；牢牢把握以中国式现代化全面推进中华民族伟大复兴的使命任务；牢牢把握以伟大自我革命引领伟大社会革命的重要要求；牢牢把握团结奋斗的时代要求。

22.弘扬五种精神：在全社会弘扬劳动精神、奋斗精神、奉献精神、创造精神、勤俭节约精神，培育时代新风新貌。

23.“六个必须坚持”：继续推进实践基础上的理论创新，首先要把握好习近平新时代中国特色社会主义思想的世界观和方法论，坚持好、运用好贯穿其中的立场观点方法。必须坚持人民至上，坚持自信自立，坚持守正创新，坚持问题导向，坚持系统观念，坚持胸怀天下。

24.“为民造福”是立党为公、执政为民的本质要求。

25.“三个重大时代课题”：新时代坚持和发展什么样的中国特色社会主义、怎样坚持和发展中国特色社会主义，建设什么样的社会主义现代化强国、怎样建设社会主义现代化强国，建设什么样的长期执政的马克思主义政党、怎样建设长期执政的马克思主义政党。

26.推进党的建设新的伟大工程要不断增强党的“四种力”：政治领导力、思想引领力、群众组织力、社会号召力。

27.意识形态工作的四个关乎：关乎旗帜、关乎道路、关乎国家政治安全、关乎人心向背。

二、《中国共产党支部工作条例（试行）》知识

1.党支部党员人数一般不超过50人（超过的话要成立党总支或党委）。

2.正式党员不足3人的单位，应当按照地域相邻、行业相近、规模适当、便于管理的原则，成立联合党支部。联合党支部覆盖单位一般不超过5个。

3.为期6个月以上的工程、工作项目等，符合条件的，应当成立党支部。

4.党支部党员大会是党支部的议事决策机构，由全体党员参加，一般每季度召开1次。

5.党支部委员会是党支部日常工作的领导机构。党支部委员会会议一般每月召开1次，根据需要可以随时召开，对党支部重要工作进行讨论、作出决定等。

6.党小组会一般每月召开1次，组织党员参加政治学习、谈心谈话、开展批评和自我批评等。

7.党支部党员大会、党支部委员会会议由党支部书记召集并主持。书记不能参加会议的，可以委托副书记或者委员召集并主持。党小组会由党小组组长召集并主持。

8.党支部每年至少召开1次组织生活会，一般安排在第四季度，也可以根据工作需要随时召开。组织生活会一般以党支部党员大会、党支部委员会会议或者党小组会形式召开。组织生活会应当确定主题，会前认真学习，谈心谈话，听取意见；会上查摆问题，开展批评和自我批评，明确整改方向；会后制定整改措施，逐一整改落实。

9.党支部一般每年开展1次民主评议党员，组织党员对照合格党员标准、对照入党誓词，联系个人实际进行党性分析。党支部召开党员大会，按照个人自评、党员互评、民主测评的程序，组织党员进行评议。党员人数较多的党支部，个人自评和党员互评可以在党小组范围内进行。党支部委员会会议或者党员大会根据评议情况和党员日常表现情况，提出评定意见。民主评议党员可以结合组织生活会一并进行。

10.党支部应当经常开展谈心谈话。党支部委员之间、党支部委员和党员之间、党员和党员之间，每年谈心谈话一般不少于1次。谈心谈话应当坦诚相见、交流思想、交换意见、帮助提高。

11.有正式党员7人以上的党支部，应当设立党支部委员会。党支部委员会由3～5人组成，一般不超过7人（不能超过正式党员的一半）。党支部委员会设书记和组织委员、宣传委员、纪检委员等，必要时可以设1名副书记。正式党员不足7人的党支部，设1名书记，必要时可以设1名副书记。

12.党支部书记应当具备良好政治素质，热爱党的工作，具有一定的政策理论水平、组织协调能力和群众工作本领，敢于担当、乐于奉献，带头发挥先锋模范作用，在党员、群众中有较高威信，一般应当具有1年以上党龄。

三、党风廉政建设基础知识

1.“四风”：形式主义、官僚主义、享乐主义和奢靡之风。

2.“四个自我”：自我净化、自我完善、自我革新、自我提高。

3.党的六大纪律：政治纪律、组织纪律、廉洁纪律、群众纪律、工作纪律、生活纪律。

4.党风廉政建设责任制的责任主体：各级党政领导班子及其成员，领导班子中的正职为本地区、本部门、本单位党风廉政建设第一责任人。

5.“两个责任”：党委主体责任和纪委监督责任。各级党委（党组）要切实担负党风廉政建设主体责任，各级纪委（纪检组）要承担监督责任。

6. 一岗双责：在履行本职岗位管理职责的同时，还要对所在单位和分管领域的党风廉政建设负责。

7. 中央八项规定：改进调查研究、精简会议活动、精简文件简报、规范出访活动、改进警卫工作、改进新闻报道、严格文稿发表、厉行勤俭节约。

8.“四种形态”：即经常开展批评和自我批评、及时进行谈话提醒、批评教育、责令检查、诫勉，让“红红脸、出出汗”成为常态；党纪轻处分、组织调整成为违纪处理的大多数；党纪重处分、重大职务调整的成为少数；严重违纪涉嫌犯罪追究刑事责任的成为极少数。

9.对党组织的三种问责方式：检查、通报、改组。

10.对党的领导干部的四种问责方式：通报、诫勉、组织调整或组织处理、纪律处分。

11. 对党员的五种纪律处分：警告、严重警告、撤销党内职务、留党察看、开除党籍。

12.“三重一大”制度：重大事项决策、重要干部任免、重要项目安排、大额资金的使用，必须经集体讨论作出决定的制度。

13. 党内监督的形式：党员干部的党内监督包括党组织（含党员所在支部）的监督、党员群众的监督、党员干部相互之间的监督和专职机关的监督。

14.意识形态工作责任制：按照属地管理、分级负责和谁主管谁负责的原则，各级党委（党组）对意识形态工作负总责，党组织书记是第一责任人，分管领导是直接责任人，其他班子成员要认真履行“一岗双责”，抓好分管部门、单位的意识形态工作。

15.好干部20字标准：信念坚定、为民服务、勤政务实、敢于担当、清正廉洁。

16.领导干部要做到的“五个过硬”：信念过硬、政治过硬、责任过硬、能力过硬、作风过硬。

17.“凡提四必”：对拟提拔或进一步使用人选，要做到干部档案“凡提必审”，个人有关事项报告“凡提必核”，纪检监察机关意见“凡提必听”，反映违规违纪问题线索具体、有可查性的信访举报“凡提必查”。对发现问题影响使用的，即时中止选拔任用程序；疑点没有排除、问题没有查清的，不得提交会议讨论或任用。

18.党的政治规矩包括四个方面：第一，党章是全党必须遵循的总章程，也是总规矩；第二，党的纪律是刚性约束，政治纪律更是全党在政治方向、政治立场、政治言论、政治行动方面必须遵守的刚性约束；第三，国家法律是党员、干部必须遵守的规矩；第四，党在长期实践中形成的优良传统和工作惯例。

19.“两个务必”：务必使同志们继续地保持谦虚、谨慎、不骄、不躁的作风，务必使同志们继续地保持艰苦奋斗的作风。

四、国有企业党建基础知识

1.国有企业的“根”和“魂”：坚持党的领导、加强党的建设。

2.两个基础：国有企业是中国特色社会主义的重要物质基础和政治基础。

3.中国特色现代国有企业制度要求：把党的领导融入公司治理各环节；把企业党组织内嵌到公司治理结构之中；明确和落实党组织在公司法人治理结构中的法定地位。

4.国有企业“三大责任”：经济责任、政治责任、社会责任。

5.国有企业党委（党组）领导作用：把方向、管大局、保落实。

6.国有企业党建工作的出发点和落脚点：提高企业效益、增强企业竞争力、实现国有资产保值增值。

7.国有企业应当将党建工作要求写入公司章程，写明党组织的职责权限、机构设置、运行机制、基础保障等重要事项，明确党组织研究讨论是董事会、经理层决策重大问题的前置程序，落实党组织在公司治理结构中的法定地位。

8.坚持和完善“双向进入、交叉任职”领导体制，符合条件的党委（党组）班子成员可以通过法定程序进入董事会、监事会、经理层，董事会、监事会、经理层成员中符合条件的党员可以依照有关规定和程序进入党委（党组）。党委（党组）书记、董事长一般由一人担任，党员总经理担任副书记。确因工作需要由上级企业领导人员兼任董事长的，根据企业实际，党委书记可以由党员总经理担任，也可以单独配备。

9.国有企业党组织履行党的建设主体责任，书记履行第一责任人职责，专职副书记履行直接责任，内设纪检组织负责人（纪委书记）履行监督责任，党组织领导班子其他成员履行“一岗双责”，董事会、监事会和经理层党员成员应当积极支持、主动参与企业党建工作。

10.全面推行党组织书记抓基层党建述职评议考核。企业党组织每年年初向上级党组织全面报告上年度党建工作情况。

11.国有企业党员人数100人以上的，设立党的基层委员会（以下简称党委）。党员人数不足100人、确因工作需要的，经上级党组织批准，也可以设立党委。党员人数50人以上、100人以下的，设立党的总支部委员会（以下简称党总支）。党员人数不足50人、确因工作需要的，经上级党组织批准，也可以设立党总支。正式党员3人以上的，成立党支部。正式党员7人以上的党支部，设立支部委员会。国有企业党委一般由5～9人组成，最多不超过11人，其中书记1人、副书记1～2人。设立常务委员会的，党委常务委员会委员一般5～7人、最多不超过9人，党委委员一般15～21人。

12.国有企业党委由党员大会或者党员代表大会选举产生，每届任期一般为5年。党总支和支部委员会由党员大会选举产生，每届任期一般为3年。

13.国有企业党委一般由5～9人组成，最多不超过11人。党委委员一般应当有3年以上党龄，其中中央企业及其直属企业（单位）、省属国有企业的党委委员应当有5年以上党龄。

14.国有企业党总支一般由5～7人组成，最多不超过9人。

15.支部委员会由3～5人组成，一般不超过7人。正式党员不足7人的党支部，设1名书记，必要时可以设1名副书记。党支部（党总支）书记一般应当有1年以上党龄。

16.国有企业党组织必须把党的政治建设摆在首位。

17.企业党组织工作经费，一般按照企业上年度职工工资总额1%的比例安排，由企业纳入年度预算。

18.具有人财物重大事项决策权且不设党委的独立法人企业的党支部（党总支），一般由党员负责人担任书记和委员。

19.党支部书记和党务工作人员每年至少参加1次集中培训。新任党支部书记一般应当在半年内完成任职培训。

20.党员队伍建设应按照控制总量、优化结构、提高质量、发挥作用的总要求和有关规定发展党员。

五、习近平总书记对国企党建工作的要求

1.国企必须具备的“六种力量”：成为党和国家最可信赖的依靠力量，成为坚决贯彻执行党中央决策部署的重要力量，成为贯彻新发展理念、全面深化改革的重要力量，成为实施“走出去”战略、“一带一路”建设等重大战略的重要力量，成为壮大综合国力、促进经济社会发展、保障和改善民生的重要力量，成为我们党赢得具有许多新的历史特点的伟大斗争胜利的重要力量。

2.国企深化改革要坚持“三个有利于”：有利于国有资产保值增值，有利于提高国有经济竞争力，有利于放大国有资本功能的方针。

3.国企两个“一以贯之”：坚持党对国有企业的领导是重大政治原则，必须一以贯之；建立现代企业制度是国有企业改革的方向，也必须一以贯之。

4.加强国企党建工作“四个坚持”：坚持党对国有企业的领导不动摇，发挥企业党组织的领导核心和政治核心作用；坚持服务生产经营不偏离，以企业改革发展成果检验党组织的工作和战斗力；坚持党组织对国有企业选人用人的领导和把关作用不能变；坚持建强国有企业基层党组织不放松。

5.中国特色现代国有企业制度：把党的领导融入公司治理各环节，把企业党组织内嵌到公司治理结构之中，明确和落实党组织在公司法人治理结构中的法定地位。

6.党对国有企业的领导方式：政治领导、思想领导、组织领导三者有机统一，归根结底就是把方向、管大局、保落实。

7.加强对国企领导人的监督和管理：加强对国有企业领导人员的党性教育、宗旨教育、警示教育，严明政治纪律和政治规矩；突出监督重点，强化对关键岗位、重要人员特别是“一把手”的监督管理；完善“三重一大”决策监督机制，严格日常管理，整合监督力量，形成监督合力。

8.坚持全心全意依靠工人阶级方针：要健全以职工代表大会为基本形式的民主管理制度，企业在重大决策上要听取职工意见，坚持和完善职工董事制度、职工监事制度。

9.对国企领导人的要求：要对党忠诚、勇于创新、治企有方、兴企有为、清正廉洁；要坚定信念、任事担当，牢记自己的第一职责是为党工作；要牢固树立政治意识、大局意识、核心意识、看齐意识；要把爱党、忧党、兴党、护党落实到经营管理各项工作中；要迎难而上、开拓进取，带领广大干部职工开创企业发展新局面。

10.国企领导人员的培养：要让国有企业领导人在工作一线摸爬滚打、锻炼成长，把在实践中成长起来的良将贤才及时选拔到国有企业领导岗位上来；既要从严管理，又要关心爱护，树立正向激励的鲜明导向；要大力宣传优秀国有企业领导人员的先进事迹和突出贡献。

11.全面从严治党在国企落地“四个要”：要同步建立党的组织、动态调整组织设置，要把党员日常教育管理的基础性工作抓紧抓好，要让支部成为团结群众的核心、教育党员的学校、攻坚克难的堡垒，要把思想政治工作作为企业党组织一项经常性、基础性工作。

12.明确各级党委责任：地方各级党委要把国有企业党的建设纳入整体工作部署和党的建设总体规划，国有企业党委（党组）要履行主体责任。

后　记

在撰写《红色领航：新时代国有企业党建思想政治工作探索》这本书的过程中，仿佛经历了一场深刻而振奋的精神之旅。我在中央企业从事思想政治工作已逾20年，总有一个夙愿，要将党建工作从党务范畴引入深层次思考，这种思考是从凝聚党员队伍活力、加强组织建设、引领国有企业高质量发展开始的。这不仅是一本工具书，与一般党建工作指南有本质区别，更多地是采用头脑风暴法，探索和思考国有企业党组织负责人如何从党建的角度，扛起国有企业高质量发展的重要责任和使命。所以，从最初的构思到最后的定稿，每一个阶段都充满了挑战与收获。

回顾这段历程，我深感荣幸能够深入挖掘新时代党建的丰富内涵与伟大实践。在这个过程中，我查阅了大量的党史历史文献资料，走访了众多的党建先进单位和优秀党员代表。他们的故事和经验，如同一座座明亮的灯塔，照亮了我们前行的道路。

新时代党建之路，是一条充满希望与活力的道路。在这条道路上，我们看到了无数党员干部以坚定的信念、无畏的勇气和无私的奉献，为实现中华民族伟大复兴的中国梦而努力奋斗。目前全国共有党组织500余万个，9900余万名党员。时代是出卷人，我们是答卷人，我们每一名共产党员都用实际行动诠释着党的先进性和纯洁性，彰显着共产党人的政治本色和责任担当。

这本书的完成，离不开众多人的支持与帮助。在此，我要感谢那些无私提供资料和案例的单位和个人，感谢那些在调研过程中给予我热情接待和耐心解答的朋友们，让我换一个视角，对不同行业、不同领域的国有企业党建工作有了更深刻的理解。同时，也要感谢编辑团队，他们以高度的敬业精神和专业素养，为这本书的出版付出了辛勤的劳动。

我也深知，这本书只是对新时代党建之路的一次初步探索和总结。党建工作是一个不断发展和创新的领域，还有很多需要学习和研究的地方。我希望这本书能够为广大党员干部和党建工作者提供一些有益的启示和参考，同时也希望能够激发更多的人关注并参与党建工作，共同为推动新时代党的建设新的伟大工程贡献力量。

红色领航，使命在肩。让我们在新时代党的旗帜下，不忘初心，砥砺前行，为实现中华民族伟大复兴的中国梦而努力奋斗！

相信在党的坚强领导下，我们的未来必将更加美好！

写作本书，意在总结经验，并抛砖引玉。错漏之处在所难免，恳请读者批评指正。

2025年4月